Die
Befreiung
kraftvoller
Weiblichkeit

Bibliografische Informationen der Deutschen Nationalbibliothek
Die Deutsche Nationalbibliothek verzeichnet diese Publikation in der Deutschen Nationalbibliografie; detaillierte bibliografische Daten sind im Internet unter http://dnb.d-nb.de abrufbar.

© 2014 Eva-Maria Eleni

Layout, Satz u. Gestaltung:
kukmedien.de, Kirchzell und E. M. Eleni

Herstellung und Verlag:
BoD - Books on Demand, Norderstedt

ISBN: 9783735739582

MIX
Papier aus verantwortungsvollen Quellen
Paper from responsible sources
FSC® C105338

Die
Befreiung
kraftvoller
Weiblichkeit

Eva-Maria Eleni

Inhalt:

Erwachendes Seelenfeuer	7
Vorwort	8
Auferstehung der weiblichen Kraft	12
Grundlagen	20
Hierarchien seelischer Aspekte	20
Das seelische Gefüge	30
InneresKind	31
Abnabelung	39
Der Verlust der Seele	42
Die weibliche Kraft	48
Der Pfad der Einweihung	53
Stolpersteine	54
Der Schatz aus der Tiefe	59
Angepasstheit	62
Der Pfad der Einweihung	69
Wahre Kraft	73
Der Pfad der Einweihung	75
Ahnen	77
Der Pfad der Einweihung	81
Segen	83
Die Vertreibung kraftvoller Weiblichkeit	84
Aus der Seele der weiblichen Kraft	89
Der vernachlässigte Körper	91
Der Pfad der Einweihung	97
Wirkliche Begegnung	101
Die Befreiung aus alten Strukturen	102
Machtkämpfe und deren hoher Preis	102
Der Pfad der Einweihung	106
Befreiungsritual	108
Weibliche Kraft und Frauen	111
Weibliche Kraft und Männer	114
Der Garten der Beziehung	118

Unabhängigkeit	122
Legitimation durch Männer	122
Der Pfad der Einweihung	129
Die Suche nach dem Gefährten	133
Aktuelle Herausforderungen	135
Die Angst vor der unabhängigen Frau	137
Verwandlung	143
Die Begegnung mit dem Tod	144
Versöhnung mit dem Tod	149
Intimität	151
Sexualität	153
Was Frauen wollen	157
Der Puls der Seele	159
Der Fluss des Lebens	162
Neue Pfade beschreiten	164
Mystik des Lebens	167

Erwachendes Seelenfeuer

Das Brennen der Tiefe,
das Lodern der erwachenden Seele,
zu neuer Kraft erstarkt!
Die Feuer neu entflammt!
Verbrennen Kummer längst vergangener Tage.
Die Seele heißt das Feuer willkommen!
So schmilzt das Eis zu tausenden Sturzbächen,
verjagt die Kälte, entzündet Herzen!
Vergessen die Zeiten in jenen
kein Seelenfünkchen mehr zu erblicken, kaum noch zu spüren!
Verloren schien das Seelenfeuer,
erfroren, verjagt, verraten, betrogen
in die Kälte hinab gestoßen!
Der Mensch so immer schwächer wurd´!

Doch die Feuer werden neu entflammt,
entfachen, befruchten sich gegenseitig!
Der äußere Sturm der Zeit weht ihnen Nahrung zu.
Die Flammen wachsen, lodern,
verbrennen alte Wunden!
Herzen heilen, Seelen heilen!
Ein Aufflackern in der Tiefe,
vergesse Klänge, verborgene Wünsche,
beinah erloschene Träume,
werden lebendig, erstehen neu!

In der Tiefe entspringt die Quelle
das der Seele Feuer entfacht,
dich and dich selbst erinnert,
jetzt!

Vorwort

Vielen Lesern wird die folgende kurze Geschichte möglicherweise bekannt vorkommen. Ich erzähle sie, um eine Brücke zu jenen Zeiten zu bauen, als es uns möglich war, die Welt mit anderen Augen zu sehen:

> Seit meiner Kindheit begleiteten mich viele Fragen, welche ich dem Leben stellte. Es interessierte mich, weshalb Menschen Dinge sagten und zu glauben schienen, die aus meiner kindlichen, wenig konditionierten Sicht keinen Sinn ergaben. Ich konnte nicht begreifen, weshalb so viele Menschen scheinbar völlig orientierungslos waren. Ihr Verhalten widersprach dem, wie sie sich wirklich fühlten.
>
> Doch eines Tages hatte ich begonnen, meine Fragen beinahe zu vergessen. Es schienen plötzlich all die Dinge wichtig zu werden, die ich einst angezweifelt hatte. Etwas - meinem Wesen Fremdes - hatte begonnen, sich in mir auszubreiten. Es fühlte sich keineswegs erfüllend oder schön an, doch hielt es mich beschäftigt. Ich war dabei, auf die oberflächliche Welt hereinzufallen. So hatte ich bereits Vorstellungen davon, wie mein Leben verlaufen sollte.
>
> Doch hatte mein Leben etwas Anderes mit mir vor. Eines Tages begann eine völlig neue Reise. Mein Leben wies mich an, einen anderen Weg einzuschlagen. Dieser führte mich zurück, erinnerte mich wieder an die Fragen meiner Kindheit. Diese Reise ließ mich in den andersartigen, verborgenen Teil dieser Welt blicken.

Dieses Buch möchte den Leser darin bestärken, den Schleier zu lüften. Es möchte an die verborgenen Orte tiefer Wahrheit führen, die vielen Menschen nicht mehr zugänglich sind. Es erzählt von jenen Einweihungen, welche auf unterschiedliche Art und Weise, in den Leben aller Menschen eine Rolle spielen. Alte Erzählungen, Mythen und Geschichten erzählen oftmals über Einweihungen in die verborgene Symbolik des Lebens.

Dieses Wissen ist nicht neu, sondern wurde auf unterschiedliche Arten seit jeher weiter gegeben und beschrieben. Doch erschließt sich diese verborgene Mystik vielen heute lebenden Menschen nicht mehr.

Tatsächlich aber befinden sich bereits viele auf diesen Pfaden, weil es Teil des Lebens ist, sie zu beschreiten. Die Art und Weise, wie jeder Einzelne seinen Weg begeht, bleibt individuell. In der materiellen Welt gestalten sich die jeweiligen Ausprägungen unterschiedlich.

Niemand außer *dir* selbst erlebt *deine* persönliche Geschichte so, wie *du* sie erlebst. Das Gemeinsame aller individuellen Geschichten, ist auf einer subtileren, schwieriger zu entschlüsselnden Ebene zu finden.

Das wichtige Anliegen dieses Buches ist es, auf den gemeinsamen Hintergrund, die jeweiligen Entwicklungschancen und Herausforderungen hinzuweisen. Es will darin bestärken, den jeweiligen Herausforderungen und Prüfungen bewusst zu begegnen.

Inwieweit die Inhalte in das persönliche Leben integrieren werden, bleibt in der Verantwortung jedes Lesers. Nicht zuletzt besteht eine wesentliche Aufgabe dieser Einweihungspfade darin, sich selbst auf Entdeckungsreise zu begeben.

Die Bedürfnisse jedes Menschen sind unterschiedlich. In manchen Bereichen kann es sinnvoll sein, äußere Unterstützung in Anspruch zu nehmen. Dies bleibt allein in der eigenen Verantwortung.

Dieses Buch möchte Bewusstheit über tiefe, seelische Zusammenhänge schaffen. Obgleich diese Ebene vielen Menschen nicht fremd ist, braucht es dringend Hinwendung zu diesen subtilen Abläufen. Ausschließlich hier wird die weibliche Kraft entfesselt.

In der Wahrnehmung, eines sich als „modern" bezeichnenden Menschen, spielen diese Vorgänge keine Rolle. Die westliche Zivilisation hat sich weit von intuitivem Wissen und der weiblichen Kraft entfernt. Daher ist es nötig, auf dem Weg zurück zu den Ursprüngen des Seins, gewisse Hilfestellungen zu erfahren. Der Leser wird auf die Reise hinter den Schleier eines materialistischen Weltbildes mitgenommen.

Letztlich müssen diese Einweihungspfade - die Wege des Lebens, welche ein unauslöschliches Wissen in der Tiefe des Menschen erwachen lassen - von jedem einzelnen Menschen selbst beschritten werden.

Dieses Wissen kann nicht durch übliche Lernmethoden erarbeitet werden. Selbsterfahrung ist das Wesen dieser Pfade. Was sie einfordern sind Konsequenz, Geduld, Hingabe und Zeit. Diese Prozesse und Abläufe lassen sich nicht innerhalb weniger Wochen oder Monate abarbeiten. Das Leben gibt seinen eigenen Rhythmus vor. Das Wesen der Dinge begreifen zu wollen bedeutet, Schicht um Schicht tiefer zu gelangen.

Dieses Buch ist insbesondere Frauen gewidmet. Sie gelten seit jeher als die Hüterinnen dieser tiefen Weisheit.

Selbstverständlich betreffen einige Bereiche Männer ebenso. Doch ist es wichtig zu wissen, dass in so tief führenden Aspekten des Lebens, Frauen und Männer nicht gleich behandelt werden dürfen. Die Einweihungspfade der Frauen sind anders als jene der Männer. Schon alleine das kollektive Erbe erzählt von unterschiedlichen Voraussetzungen, welche beachtet werden müssen.

Frauen und Männer sind unterschiedlicher, sich ergänzender Ausdruck von Energie. In ihrer natürlichen Ausdrucksform müssen sich beide auf unterschiedliche, sich ergänzende Weise, in der sichtbaren Welt ausdrücken dürfen. Darauf muss dringend hingewiesen werden, da heutzutage Gleichmacherei beinahe überall anzutreffen ist.

Dieses Buch will Frauen auf ihrem Weg begleiten. Männern gewährt es einen Einblick in die Entwicklung ihrer Frauen, sowie in jene Prozesse, die teilweise auch in ihnen selbst ablaufen. Auch sie tragen einen Anteil weiblicher Energie in sich, dem sie sich auf diesem Wege zuwenden können.

Das Wissen um diese Entwicklungen wird für beide Seiten zu einem tieferen Verständnis füreinander beitragen. So kann eine Brücke zwischen Männern und Frauen entstehen, welche einander so oft nicht verstehen.

Eva-Maria Eleni

Auferstehung der weiblichen Kraft

Die weibliche Kraft weiß um die tiefen Zusammenhänge des Seins. Jedoch ist es der Verstand, welcher insbesondere in westlichen Kulturen verherrlicht und vielfach als einzige Quelle des Wissens anerkannt wird. Doch kann der Verstand so leicht getäuscht werden. Er kann mit allem möglichen Glauben und Irrglauben gefüttert werden. Und doch findet der Mensch nie, wonach er wirklich sucht.

Wonach sucht ein Mensch in seinem Innersten – selbst wenn so viele wenig über ihre tiefsten Sehnsüchte erahnen?

Der Mensch strebt danach, seine eigene Wahrheit und Wahrhaftigkeit zu entdecken. Er sucht instinktiv nach jener Wahrheit, welche aber nur und ausschließlich in der Tiefe der Seele wohnt! Dort schlummert uraltes Wissen, welches in allen Zeiten gehütet und weiter gegeben wurde, wenn es auch beinahe schon erloschen schien. Ohne diese Tiefe verarmt der Mensch. Er bleibt zwangsläufig unvollständig, ein ewig Suchender.

Die weibliche Kraft ist Hüterin der Geheimnisse des Lebens! Sie allein besitzt den Schlüssel, die Zeichen des Lebens zu lesen. Sie vermag es, das Leben zu entziffern. Zudem weiß sie um ihren eigenen Anteil darin!

Ebenso trägt sie das instinktive Wissen in sich, um zu erkennen, wann es Zeit ist die Dinge einfach geschehen zu lassen. Sie versteht es, dem was geschehen muss den Raum zu geben, nach dem es verlangt.

Diese Dinge entziehen sich dem Wissen des Verstandes. Ihr Wesen bleibt vor ihm verborgen. Sie übersteigen ganz einfach das, was er für wahr oder möglich hält.

Darum braucht der Mensch die weibliche Kraft, jene Seelentiefe, um sich selbst und das Leben, in seiner Ganzheit wieder zu begreifen!

Der Verstand ist ein wunderbares Werkzeug, sobald er anders eingesetzt wird. Als Führer jedoch taugt er schlecht. Er ist ein unverzichtbarer Helfer und Unterstützer. Mit seinen besonderen Fähigkeiten ist er für diese Position unersetzbar! Überlässt man es ihm jedoch, über das Leben zu bestimmen, bekommt der Mensch große Schwierigkeiten. Entscheidungen, abgelöst vom inneren tiefen Seelenwissen zu treffen, haben enorme Auswirkungen und verursachen unglaublich viel Leid. Welch einseitiges, stumpfes und armes Leben dies wäre!

Der Verstand hält das Leben für unbegreifbar, für chaotisch und oft auch für total verkehrt. So muss er in seiner Verzweiflung alle möglichen Gegenmaßnahmen ergreifen. Er muss sich schützen, sich wehren, am besten noch bevor irgendetwas geschehen könnte. Ein Leben bleibt so unweigerlich von Furcht bestimmt.

Dort bleibt kein Platz für Freude, wenig Möglichkeit sich zu öffnen, sich kreativ auszudrücken und das Leben neu zu erleben. Dort bleibt kein Raum für die Weite, für Weichheit, für Echtes und Wahrhaftes. Es bleibt kein Raum für eine andere Art von Leben, von Miteinander und von Begegnung. Dieses Leben hätte so viel mehr zu bieten als das, wovon der Verstand uns je erzählen könnte!

Die Weisheit der Seele und das tiefe Verständnis für all diese Zusammenhänge wohnen in uns - in jedem einzelnen Wesen. Sie sind ein Teil von uns. Sie können nie komplett verloren gehen, selbst wenn es in manchen dunklen Zeiten so scheinen mag. Sie können lediglich vergessen werden. Tatsächlich wurden sie an sehr vielen Stellen vergessen, verleugnet, gedemütigt oder als Unsinn deklariert.

Dicke Mauern wurden um jenes so tiefe Wissen errichtet. Daraufhin entfernte sich der Mensch von seiner wahren Natur. Er begann sich, wehrlos, hilflos und abhängig vom Wohlwollen oder Zorn anderer zu fühlen. Der Weg in Abhängigkeit und Kontrolle war vorgezeichnet.

Jedoch ein einziger winziger Riss, eine kleine Lücke in jenen Mauern, errichtet um die Weisheit zu verbergen, genügt! Nur ein winziger Hohlraum zwischen all dem Schutt, der das Seelenwissen zu ersticken droht, ist genug!
Das Wasser, welches Ausdruck der weiblichen Kraft ist, bahnt sich seinen Weg durch diese Mauern. Es strömt unablässig in die Tiefe hinab.
Dies geschieht immer genau dann, wenn es an der Zeit ist, immer dann, wenn entscheidende Veränderungen anstehen, welche sich jeder Kontrolle entziehen.
In diesem Moment, beginnt sich die weibliche Kraft zu zeigen, sich bemerkbar zu machen - egal ob einem Menschen dies gerade passend und angebracht erscheinen mag oder nicht. Dem Leben ist es gleichgültig, ob diese einschneidenden, richtungweisenden Veränderungen gerade in die Lebensplanung passen oder nicht.

In der jetzigen Zeit entstehen viele Risse in jenen alten Mauern. Einige Menschen sind bereits dabei, ihre inneren Mauern einzureißen, den Schutt und die Schmerzen auszusortieren, welche das Wasser bereits aus den Tiefen empor spülte. Sie lernen durch dieses scheinbar undurchdringliche Gestrüpp zu navigieren. Auf jedem einzelnen dieser heiligen Schritte, werden ihre ureigene Kraft und ihre wahre Intuition stärker.
Jeder Mensch, welcher sich dem Einreißen seiner Mauern verschreibt, gewinnt mit jedem Tag ein wenig mehr seiner in ihm wohnenden, ursprünglichen Kraft zurück.

Dieser Weg hat längst begonnen und immer mehr Menschen werden folgen!

Der erste Schritt war womöglich so winzig, dass er kaum bemerkt, beinahe übersehen wurde. Ganz gewiss blieb er zunächst in seiner Tragweite nicht annähernd erkannt. Doch hat er etwas Unaufhaltsames in Gang gesetzt, etwas, was das gesamte Leben ändern wird! Der Lebensweg hat einen neuen Kurs aufgenommen!

Viele vermeintliche Wahrheiten werden von Vordenkern widerspruchslos übernommen. Der Verstand wird nicht müde, jenes „Wissen" immer wieder hervorzuholen. In Wahrheit sind sie nichts als Behauptungen, welche für wahr gehalten werden, ohne sie je zu hinterfragen. Sobald ein Hinterfragen einsetzt, ist der erste Schritt getan.

Doch muss der Weg weiter führen. Jenseits der herkömmlichen Art, das Leben zu betrachten, gibt es eine andere Welt – auch *Anderswelt* genannt.

Es gibt sie - jene Wahrheiten der Seele! Diese Wahrheiten sind universell. Sie werden von allen verstanden, welche die Sprache der Seele zu verstehen und zu sprechen gelernt haben. Sie sind jedoch nicht so einfach zugänglich - jedenfalls nicht für Menschen einer Gesellschaft, in welcher die Seele weder Platz noch Respekt zugesprochen bekommt.

Die Wahrheiten der Seele erfordern Hingabe an das Leben! Sie erfordern es, dass Fragen gestellt werden. Sie erfordern es, sich nicht abzuwenden, sobald eine Antwort unangenehm oder unbequem ausfällt. Sie erfordern es, sich nicht vor haarsträubenden Erkenntnissen, welche dort in den Tiefen schlummern, abschrecken zu lassen. Unliebsame Erkenntnisse wurden weggeschlossen und verborgen. Sie hervorzuholen, um sie zu betrachten, ist unglaublich herausfordernd und abschreckend. Zudem wurde die Beschäftigung mit ihnen oft als verboten deklariert. Es gilt Mut zu entwickeln.

Nur dort liegt die Freiheit der Seele verschüttet und vergraben. Diese Freiheit befindet sich jenseits von Kontrollversuchen und Manipulation.

Die Seelenkraft fließt wie sie will und immer so, wie es ihrer Wesenstiefe entspricht: ungebändigt und unkontrollierbar.

Nur wer sich dem Unkontrollierbaren und Unbezähmbaren zuwenden kann, es bejaht und es zu schätzen lernt, kann sich mit dieser Kraft verbünden.

Der Lohn ist unermesslich groß. Alles was der Seele in ihrer Tiefe entspricht, macht den Menschen einfach glücklich. Mit seiner Tiefe im Einklang, fühlt er sich geborgen und geerdet. Ein Mensch mit der Tiefe seiner Seele verbunden weiß, was er wirklich braucht und weiß, was er überhaupt nicht gebrauchen kann.

Unser Leben bringt uns immer genau das, was wir brauchen, in jedem einzelnen Augenblick. Doch ausschließlich mit der Weisheit der Seele verbunden, offenbart das Leben seine Magie. Wir begreifen, wie alles zu uns spricht, wie wunderbar und perfekt jeder einzelne Augenblick für uns ist. Wir erkennen die Geschenke eines jeden neuen Tages, eines jeden Sonnenstrahls. Wir begreifen die mystischen Momente, sind tief bewegt von scheinbar ganz kleinen Dingen, die so leicht übersehen werden könnten. Doch mit der Tiefe der Seele verbunden, bekommt all dies eine völlig neue Dimension.

Was zuvor schrecklich groß und wichtig erschien, verliert in der Tiefe sein künstliches, illusionäres Gewicht. Die Maske fällt und die Dinge zeigen ihren wahren Charakter. Wichtiges wird von Unwichtigem getrennt. In der Tiefe der Seele gibt es keine Maske, die nicht durchblickt werden könnte. Es gibt nichts, was vor der Weisheit der Seele verborgen bleiben kann.

Diese Weisheit ist unser Erbgut. Sie kann uns nicht wirklich je genommen werden. Sie wohnt in jedem Menschen, um dort wieder erkannt, hervorgeholt und gewürdigt zu werden. Es liegt in der Möglichkeit und Verantwortung jedes einzelnen Menschen, diese tiefen Weisheiten für sich zu erschließen. Eines Tages wird jeder vor die Wahl gestellt.

Wie wirst *du* dich entscheiden?

Wirst du sagen: *"Ja, ich habe verstanden, ich erkennen es an, das Leben wie es ist. Ich beginne meinen Anteil daran anzunehmen!"*

Oder wirst du es wegstoßen, um zu einem späteren Zeitpunkt erneut vor dieselbe Frage gestellt zu werden?

Dies ist eine der bedeutsamsten Fragen. Ihr kann niemand dauerhaft ausweichen. Keiner vermag es, dem Leben selbst zu entfliehen! Niemand kann seiner eigenen Seele und dem, was in ihr verborgen schlummert, auf Dauer ausweichen. Es ist unmöglich.

Eines Tages wird es in deinem Leben so weit sein! Und du, der du diese Zeilen liest wirst jetzt gefragt:

"Bist du bereit, deine Seele anzuerkennen?

Bist du bereit, den Weg zu wagen, der dich zu tiefem Wissen jenseits der Verstandeskontrolle führen wird?

Bist du bereit hinzublicken, und dich den mitunter unangenehmen, vielleicht auch grauenhaften Dingen zu stellen, welche du deiner Seele in vergangenen Zeiten ihrer Verleugnung antatest, oder dir zufügen hast lassen?

Bist du bereit, dich den Lügen zu stellen, welche du glaubtest, weil du deiner Seele nicht zuhören wolltest oder konntest?

Bist du bereit hinzusehen, an jene Stellen, an welchen auch du andere in ihrer Seelentiefe nicht anerkannt hast, sie womöglich bekämpft, verleugnet, verraten oder verleumdet hast?"

Welch tiefer Frieden, welch enorme Heilung beginnen sich zu verströmen, wenn du damit beginnst, dich aktiv der Befreiung deiner Seele zu widmen. Tief mag der

Schmerz sein, dunkel mag so manches erscheinen, was einst geschah. Doch jede bewusste Zuwendung, jeder mutige Schritt, sich nun endlich vorzuwagen, schenkt Heilung. All das wird dich stärker machen, dich wachsen lassen. Du wirst deiner ursprünglichen Kraft näher kommen. Dies wird es dir ermöglichen, auch anderen Menschen völlig anders zu begegnen.
Du wirst dem Leben selbst begegnen!

Hast du jemals gespürt, welche Kraft sich zwischen Menschen auszubreiten beginnt, als sie beschlossen, sich wirklich zu öffnen, anstatt Theater zu spielen?
Hast du erfahren, wie sehr das bereichert, stärkt und ihre Seelen nährt?
Hast du je erlebt, wie sich ein tiefes Band des Verstehens und wahrhaft Seins ausbreitet, weil die Seelen aller Beteiligten lebendig sind und zueinander sprechen:
„Ja, ich sehe dich, ich erkenne dich und ich erkenne mich!"?

Sollte dir eine solche Erfahrung bislang verwehrt geblieben sein, so möchte ich dich einladen, vorerst in Kontakt mit deiner eigenen Tiefe zu kommen. Sie wartet auf dich!
Erlaube dir, in sie einzutauchen, sie kennen zu lernen, dich mit ihr auszusöhnen und anzufreunden!
Wer das geschafft hat, kommt schrittweise in die Lage, sich auch anderen zu zeigen. Es ist die tiefe Sehnsucht so vieler Menschen, sich zu zeigen wie sie wirklich sind, zu sprechen was aus ihrer Seele fließen will. Es ist ihr tiefer Wunsch, anderen aus der Seelentiefe heraus zu begegnen. Auf diese Art wird ein völlig neues, bereicherndes Miteinander möglich.
In der Seele erkennen wir uns selbst. Wir erfahren wie wir wirklich sind. Es verschafft eine enorme Befreiung, keine Masken, oder aufgesetzte Selbstdarstellung mehr zu benötigen. Die Angst vor uns selbst und dem was dort in unseren Tiefen schlummert, hat zuallererst uns selber so

sehr erschreckt. Daher unternahmen wir bislang viel, dieses Tor verschlossen zu halten.

Du selbst hast deine Tiefe unbewusst zugestellt. Die Tore wurden mit zahlreichen Schlössern versehen. Zusätzlich wurden noch dicke Mauern errichtet. Doch gleichzeitig hast du dir, mithilfe dieser Maßnahmen, dein Gefängnis erbaut. Du beraubtest dich der Möglichkeit, je erkannt zu werden wie du wirklich bist. Du verwehrtest es dir geliebt zu werden, einfach nur weil du bist wie du bist!

Niemand kann uns diese Tiefenarbeit abnehmen. Keiner kann für uns unsere Mauern einreißen. Manchmal begegnet uns dennoch ein besonderer Mensch auf unserem Weg. Er vermag es, unsere Mauern ins Wanken zu bringen. Bevor sie nicht erschüttert wurden, war es uns zumeist nicht einmal möglich, sie überhaupt wahrzunehmen. Vielleicht sorgt dieser besondere Mensch auch dafür, dass Risse in unseren Mauern entstehen.

Doch mehr kann kein anderer für uns tun. So lange wir unseren Anteil am Fortbestand dieser Mauern nicht erkennen, bleiben sie bestehen. Wir sind es selbst, die unsere Mauern abtragen, Schlösser und Tore öffnen müssen. Wir selbst müssen uns ansehen, wovor es uns so sehr graut!

All diese Arbeit wird eines Tages zu einer Versöhnung zwischen dir und deiner Seele führen.

Das ist jener große, lang ersehnte Tag, an welchem du zu deiner Seele sprechen kannst:

„Ja, ich sehe dich, ich erkenne dich! Es ist schön, dich endlich wieder zu sehen, nach so langer Zeit!"

Grundlagen

Hierarchien seelischer Aspekte

Jeder Mensch, ob er sich nun dessen bewusst ist oder nicht, trägt unterschiedliche Aspekte seiner Seele in sich.
Die meisten Menschen kennen das stark simplifizierte Bild, ein Engelchen auf der rechten Schulter sitzen zu haben und ein Teufelchen auf der linken. Für Entscheidungen streiten sich die beiden. Einer setzt sich letztlich durch.
Dieses Bild ist bereits durch sämtliche Lebenserfahrungen und gesellschaftliche Vorgaben, stark moralisch geprägt. Das Engelchen spricht demnach nicht wirklich mit den Worten eines Engels, sondern mit den Worten einstiger Bezugspersonen, die dir erklärten, wie du brav, lieb und wünschenswert für deine Mitmenschen wärst. Das Teufelchen spricht mit der Stimme des Rebellen in dir, welcher diese Vorgaben nicht erfüllen wollte. Diese inneren Stimmen entsprechen somit sehr stark den Vorgaben und Prägungen des bisherigen Lebens und entstammen nicht der wahren Seelennatur.

Tatsächlich ist die Seele viel komplexer aufgebaut. So gibt es nicht nur Engelchen und Teufelchen. Es gibt viele Aspekte mehr im Inneren eines Menschen, die alle ihr eigenes Stimmchen besitzen.
Manche sind kaum noch hörbar, beinahe verstummt. Manche sind laut und drängen sich ständig in den Vordergrund. Welche Seelenanteile sich letztlich durchsetzen und immer wieder eines Menschen Entscheidungen und Handlungen maßgeblich beeinflussen, steht in direktem Zusammenhang mit dem individuellen Beziehungsgefüge aller innerer Seelenanteile.

Jeder einzelne seelische Anteil besitzt eine Grundstruktur, einen Wesenskern, welcher bei allen Menschen gleich ist. Alle seelischen Anteile sind uns Menschen mit auf den Weg gegeben. Doch sind diese einzelnen Aspekte lediglich in ihrer unkonditionierten, reinen Grundstruktur gleich.
Erfahrungen und Beziehungen des realen Lebens beeinflussen und überlagern die inneren Seelenanteile maßgeblich.

Um ein grundlegendes Verständnis für Seelenaspekte und ihre individuellen Überlagerungen zu schaffen ist es nötig, mit leichter zugänglichen Aspekten zu beginnen.
Verhältnismäßig leicht zugänglich ist jener Aspekt, welcher als <Inneren Mutter> bezeichnet wird. Als reiner, unverfälschter Seelenaspekt, verkörpert die <Innere Mutter> den nährenden, gebenden, sich liebevoll kümmernden Aspekt der Seele.
Auf weltlicher wie auch symbolischer Ebene, hat die Mutter große Bedeutung. Das Kind kommt durch ihren Körper in dieses Leben. Das Kind begegnet zum ersten Mal einem seiner seelischen Aspekte in der sichtbaren Welt.
Am Beginn seines Lebens ist ein Kind völlig unkonditioniert. Nach und nach wird der natürliche <Mutter-Aspekt> der Psyche, durch die individuellen, kindlichen Prägungen, stark von der Mutterfigur des jetzigen Lebens beeinflusst und überlagert. Ebenso verhält es sich mit dem <Inneren Vater>, welcher als Vaterfigur des jetzigen Lebens ebenfalls großen Einfluss hat.
Bleiben die ursprünglichen Seelenaspekte durch Verhaltensweisen und Prägungen der menschlichen Eltern überlagert, bleibt das Leben von den jeweils erfahrenen Konditionierungen bestimmt.
Sofern du sensibel und aufmerksam bist, kannst du in manchen Situationen vielleicht die Stimme deines Vaters oder deiner Mutter sprechen hören, welche innerlich dein

momentanes Leben und Verhalten kommentiert und beeinflusst.

Diese überlagerten Aspekte blockieren auf einer tiefen Ebene. Sie behindern den natürlichen Ausdruck der Seele. Ein nicht vollständig abgenabelter Mensch, lässt sich durch verinnerlichte Anweisungen und Vorgaben seiner Eltern oftmals unbemerkt dirigieren. Dabei spielt es keine Rolle, wie alt der Betroffene ist.

Falls dir dieses Beispiel zu wenig greifbar und wenig verständlich erscheint, so können seelische Aspekte mit Hilfe einer *Systemischen Aufstellung* sichtbar gemacht werden. Dort werden seelische Anteile durch reale Personen nachgestellt. Das liefert mitunter wirklich interessante Einblicke in das individuelle seelische Gefüge eines Menschen.

Selbstverständlich werden neben Mutter und Vater mehr seelische Anteile sichtbar. Dies ist abhängig von der jeweiligen Familienstruktur. Auch die Ahnenreihe kann bereits hier in ihrer Wichtigkeit und Auswirkung erkannt werden.

Menschen, welche in diesem Bereich bereits viel Erfahrung gesammelt haben vermögen es, die Ereignisse des realen Alltagslebens als Spiegel ihres momentanen inneren Seelengefüges zu *lesen*.

Es ist wichtig, sich über die großen Auswirkungen dieser, dem sichtbaren Auge verborgenen Strukturen, bewusst zu werden.

In ihrer unerlösten Form, wirken sich <Innere Mutter> und <Innerer Vater> – waren die realen Eltern nun abwesend oder sehr präsent, autoritär oder eher gleichgültig - bestimmend wie auch einschränkend auf das momentane Leben aus.

Werden diese ursprünglichen seelischen Aspekte von Negativbesetzungen, Einschränkunken, von früheren Dominanzen und Ähnlichem befreit, so kann ein Mensch zu großer innerer Kraft finden. Er wird frei von einschränkenden Strukturen.

Das innere, seelische Gefüge, die Beziehung jener Anteile zueinander, sowie ihre hierarchische Struktur, sind in jedem Menschen etwas anders ausgeprägt.
Dieses Gefüge ist jedoch einem Wandel unterworfen. Es bleibt nicht konstant. Das ist auch die Chance für jeden, sein Leben in die Hand nehmen zu können.
Sobald sich Menschen bewusst mit ihren seelischen Anteilen und deren Beziehung zueinander befassen, beginnt sich jenes Gefüge zu verändern.

Die inneren Konflikte, welche durch innere Unvereinbarkeiten ständig neu entfacht werden, halten viele Menschen in einem fortwährenden inneren Krieg. Sie verlieren dabei unglaublich viel ihrer Energie, da ihre Seelenanteile miteinander in Konflikt stehen. Das kann so weit führen, dass beinahe jede Entscheidung sabotiert wird. Das Resultat sind Menschen, die wenig Verantwortung für sich selbst übernehmen können und froh sind, wenn ihnen jemand sagt, was sie tun, lassen oder denken sollen.

Willst du aber jemand sein, der wirklich eigenverantwortlich Entscheidungen treffen kann, so musst du dir nach und nach darüber klar werden, gegen wen du in deinem inneren Krieg führst. Um dich zu erlösen, müssen jene Muster entlarvt werden, die dich letztlich dazu bringen dein Handeln doch immer wieder den Wünschen anderer anzupassen. Erst wenn ein Mensch aus der eigenen Tiefe heraus handelt, weil es seiner Seele ein tiefes Bedürfnis ist, sich in dieser Form auszudrücken, kann er schließlich in sich selbst anzukommen.
Durch zunehmende Einsicht und Bewusstwerdung geschieht bereits, was oft unter "Heilung" verstanden wird. Zuvor unterdrückte und klein gehaltene Anteile können

sich endlich ausdehnen. Sie werden wieder gehört und respektiert, anstatt unter Kontrolle gehalten. Entspannung und Erlösung tritt ein, die innere Kraft kehrt zurück.

Die Überlagerungen jener Seelenaspekte, wie auch ihre Interaktionen, sind nicht nur von persönlichen Lebenserfahrungen geprägt. Sie stehen in deutlichem Zusammenhang mit dem jeweiligen Kulturkreis sowie den Ahnengeschichten.
Eltern geben einem Kind die Muster und Prägungen ihrer Vorfahren mit auf den Weg. Das ist Teil des Erbes. Das innere Seelengefüge passt sich nach und nach diesen äußeren Einflüssen an.
Im Laufe der Kindheit und Jugend wird es zudem zwangsläufig, den momentan vorherrschenden gesellschaftlichen Normen und Mustern angepasst. Dort wird erlernt, was sich gehört, welche Aspekte erwünscht und angebracht sind. Erwünschte Aspekte nehmen in den inneren Hierarchien die oberen Ränge ein. Ebenso wird erlernt, welche Aspekte unerwünscht sind, was als absolut unpassend oder ungehörig gilt. Diesen Aspekten wird innerlich der Krieg erklärt. Sie müssen dringend bekämpft werden. Folglich nehmen sie die unteren Ränge der Hierarchie ein.

Seelenaspekte vergessen niemals ihre natürliche, heile Grundstruktur. Ihre ursprüngliche, ungeprägte Form verträgt keine Hierarchien. Es liegt in ihrer Natur, aufgeprägte Strukturen aufbrechen zu wollen.
Doch hat der Mensch an vielen Stellen ein angepasstes Leben vorgezogen. Innere Unterdrückung und Kampf mit gravierenden Folgen sind vorprogrammiert!

Zudem gehen insbesondere in diesen frühen Lebensphasen manche Aspekte verloren. Das passiert in äußerst schwierigen, traumatischen Situationen. Manche Aspekte ziehen sich entweder von selbst zurück, oder werden gestohlen. Solche massiven Eingriffe auf Seelenebene wirken sich gravierend aus. Umso trügerischer ist die Tatsache, dass rein oberflächlich betrachtet nicht erkannt werden kann, was da einst vor sich ging. Das gesamte innere Gefüge eines Menschen leidet massiv, während in der äußeren Welt der betroffene Mensch gar nicht benennen kann, weshalb es ihm schlecht geht.

Eine wichtige Arbeit von Schamanen ist es, verloren gegangene Seelenaspekte zurück zu holen. Recht häufig müssen auch fremde Aspekte wieder zurück gebracht werden, die gar nicht zu dem jeweiligen Menschen gehören.

Es ist unglaublich befreiend, Heil bringend und stärkend für einen Menschen, sobald wieder mehr Ordnung im seelischen Gefüge hergestellt wurde.

Bei Menschen welche aus westlichen Gesellschaften stammen, führen vorwiegend rein handlungsorientierte Aspekte die inneren Hierarchien an. Sie stehen an oberster Stelle, werden über die Maßen verehrt und demnach auch wenig hinterfragt.

Ich möchte dich einladen, dir bewusst folgende Fragen zu stellen:
Wenn dir ein Problem begegnet, wie gehst du grundsätzlich damit um?
Was ist das erste, das dir dabei in den Sinn kommt?

Wahrscheinlich suchst du beinahe automatisch nach irgendeiner Lösung, nach etwas, das du *tun kannst*, um die Situation zu *verändern*. Das ist für viele Menschen völlig selbstverständlich.

Da du dies liest, stellst du dir daher möglicherweise die Frage, wie *man* denn sonst mit einem Problem umgehen sollte - Die Verwendung des Wortes „*man*" ist an dieser Stelle äußerst aufschlussreich. So drückt es aus, dass es sich hier um ein unpersönliches, übernommenes, bislang nicht in Frage gestelltes Verhalten handelt.

Nun kann aber die Perspektive gewechselt werden. Stell dir dafür eine andere Frage:
Welcher deiner inneren Aspekte hat das letzte Wort, wenn es beispielsweise um Entscheidungen beruflicher Aspekte deines Lebens geht?
Hierfür ist es notwendig, den innerlich ablaufenden Gesprächen zu lauschen.
Bei massiven Problemen oder wenn große Veränderungen in Betracht gezogen werden, nimmt der empfundene Stress zu. Genau genommen nimmt das innere Stimmengewirr drastisch zu.
Es gibt im Grunde genommen zwei Möglichkeiten, auf diese innere Unruhe zu reagieren. Die erste Variante ist ein beinahe automatisiertes Verhalten, das auf oberflächliche, schnelle Abhilfe ausgerichtet ist. Diese Abhilfe bedeutet, die Kontrolle zurück zu gewinnen. So beginnen sich das Stimmengewirr wie auch die innere Unruhe zu beruhigen, wenn die Dinge in ihre gewohnte, als „normal" empfundene Form zurückgebracht werden können. Das löst natürlich keineswegs den Grundkonflikt - im Gegenteil! Er bleibt somit genau so bestehen wie er vorher war.
Oder aber, es wird der zunächst schwieriger erscheinende Weg gewählt. Hierfür ist es nötig, sich mit den inneren Seelenaspekten bewusst zu befassen. Nur so kann der innere Konflikt wirklich gelöst werden. Veränderungen können geschehen, ohne sabotiert zu werden. Trotz der anfänglichen Hürden, welche genommen werden müssen, ist das der einzige Weg, das Leben einfacher zu machen.
Zu Beginn muss dafür gut zugehört werden!

Wovon erzählen deine inneren Aspekte, wenn es um berufliche Probleme oder Veränderungswünsche geht?
Vielleicht gibt es einen Anteil in dir, welcher dir erklärt, dass du schrecklich müde bist. Vielleicht hast du auch überhaupt keine Lust, deine Arbeit zu verrichten.
Da du aber nach wie vor in diesem Beruf bist, vernimmst du gewiss auch mindestens einen weiteren Anteil in dir. Dieser erklärt dir möglicherweise, dass du es dir nicht leisten kannst, nicht zu arbeiten. Vielleicht denkst du auch darüber nach, was deine Nachbarn, deine Familie oder deine Freunde dann über dich sagen oder denken könnten. Vielleicht erklärt dir dieser Aspekt auch, dass du für eine Umschulung zu alt oder nicht klug genug wärst.
Es gibt sehr vieles, was hier an inneren Überzeugungen zu Tage tritt.
Jene Anteile in dir, welche dich darauf aufmerksam machen, dass du dich zu sehr verausgabst, oder dich benutzen lässt für etwas, das dir gar keinen Spaß macht, werden immer wieder übertönt. Deine Entscheidungen fällst du also, ohne diese Aspekte ernst zu nehmen.
Viele Menschen hören ihre leiseren Aspekte auch gar nicht mehr. Doch bedeutet das nicht, dass sie nicht da wären.
Deine Art, Entscheidungen zu treffen, gibt dir darüber Auskunft, wie deine innere Hierarchie aussieht!

Momentan bringen die wenigsten Menschen den Mut auf, ihrer Seele wirklich zuzuhören, um in der Folge daraus auch die Konsequenzen zu ziehen. In den meisten Fällen werden Entscheidungen immer wieder zugunsten einer gesichert geglaubten Existenz getroffen.

All dies soll nicht bedeuten, dass eine solche Hierarchie umgekehrt werden sollte. Aspekte, welche nach Sicherheit verlangen, haben natürlich ihre Berechtigung. Die

Lösung liegt nicht in der Umkehr der Hierarchie, sondern in ihrer Auflösung!

Die inneren Hierarchien der in westlichen Kulturen lebenden Menschen, haben durch ein weitgehend gleiches Wertesystem ähnliche Prägungen erfahren. Demnach ähnelt sich ihr inneres, seelisches Gefüge in seiner Grundstruktur. Dieses spezielle Kräfteverhältnis erklärt, weshalb so viele Menschen nicht in der Lage sind, sich besser um ihre Seele zu kümmern. Die Stimme der Seele spielt im westlichen Wertesystem kaum eine Rolle. Die Existenz der Seele wird, wenn überhaupt, nur am Rande anerkannt. Diese äußere Struktur wiederholt sich im Inneren vieler Menschen. Sie sind sich ihrer still gewordenen, feinfühligen Aspekte nicht mehr bewusst. So führen sie einen unerkannten, inneren Krieg gegen sie.

Doch wird die Stimme der Seele nie völlig verstummen – gleichgültig, wie lange jemand gegen sie ankämpft, egal, wie viel an Kraft dafür aufgewandt wird.

Immer mehr Menschen kommen an einen Punkt in ihrem Leben, da sie zum Umdenken geführt oder sogar gezwungen werden.

Das Leben kennt viele Möglichkeiten, der Seele wieder zu Gehört zu verhelfen - Sei es nun durch Krankheit, durch Verlust des Arbeitsplatzes, durch das Zerbrechen der Familie, oder durch einen anderen schweren Schicksalsschlag.

Häufig dient der Körper als Übermittler unterdrückter Aspekte. Er bringt sie durch unterschiedliche Krankheitssymptome zum Ausdruck. Hier sollte eigentlich tiefer geblickt werden. Doch passiert es in einer handlungsorientierten Gesellschaft, in welcher unerwünschten Seelenaspekten der Krieg erklärt wurde, dass vorrangig Symptome bekämpft werden. Selten wird in die Tiefe geblickt um nachzusehen, was dort so nach Aufmerksamkeit ruft.

Stattdessen wird das physische Problem möglichst schnell beseitigt. Dieses Verhalten wird, so lange es nur irgendwie möglich ist, beibehalten. Doch gibt es Grenzen dessen, was gemacht werden kann – und das ist gut so!

Das Problem des inneren Krieges entsteht nicht, weil es grundsätzlich unterschiedliche Aspekte der Seele gibt. Niemand könnte diese Gegebenheit je abschaffen. Das Problem entsteht, sobald diese Anteile gegeneinander arbeiten, anstatt miteinander und gemeinsam zu kooperieren. Damit Kooperation möglich wird, müssen wir zuerst jeden einzelnen Aspekt in uns kennen lernen. Wir müssen lernen zuzuhören und sie zu respektieren, auch wenn sie uns etwas erzählen, das wir nicht gerne hören möchten. Es ist Zeit damit aufzuhören, sie zu dominieren, wie wir es schon so lange versuchten.

Handlungsorientierte Aspekte der Seele sind Teil der männlichen Kraft. Das seelische, tiefe Wissen um die Essenz des Lebens selbst, ist Teil der weiblichen Kraft. Der innere Krieg ist somit Kampf der männlichen Kraft gegen die weibliche.
Auch die Geschichte der Menschheit blickt symbolträchtigerweise auf jahrhundertlange Unterdrückung von Frauen zurück. Macht und Dominanzverhalten der männlichen Kraft machte diese jedoch nicht stärker - auch wenn diese Fehlinterpretation symbolischerweise in der Außenwelt häufig beobachtbar ist.
Tatsächlich wird die männliche Energie schwächer und kränker, je kräftiger der innere Kampf gegen die eigenen weiblichen Aspekte der Seele tobt!

In geheilter Form sind beide - weibliche und männliche Kraft - völlig gleichwertige Seelenanteile. Beide werden respektiert, geachtet und ernst genommen. Keiner überfährt den anderen, oder empfindet es als notwendig, sich durchzusetzen. In ihrer geheilten Form sind sie Partner, welche sich wunderbar ergänzen und so einen Menschen kraftvoll und wahrhaft glücklich machen. Da die Außenwelt immer ein Spiegel für die inneren Kräfteverhältnisse ist, ist leicht abzulesen, wie es wirklich aussieht.

Es muss klar sein, dass ohne Aussöhnung mit dem bislang stark unterdrückten weiblichen Anteil, kein Mensch jemals in seine Kraft kommen wird.
Der innere Kampf schwächt allgemein und macht krank. Alles was an zusätzlichen Kampfmaßnahmen trotzdem noch unternommen wird, erfordert mehr und mehr Anstrengung, bis eines Tages gar nichts mehr geht. Dieser tobende Kampf beginnt alle Energie zu fressen. Trotzdem wird es nie genug sein.

Das seelische Gefüge

Es ist wichtig, sensible dafür zu werden, wie das eigene seelische Gefüge beschaffen ist, um sich selbst in der Folge besser zu verstehen. Wer sich selbst versteht, beginnt die Welt um sich, mit anderen Augen zu betrachten. Er kann sich freier bewegen als jemand, der sich seiner eigenen Tiefen nicht bewusst ist.

Es ist wichtig zu erkennen, welche unterschiedlichen Aspekte in dir nach Aufmerksamkeit rufen, selbst wenn du sie vielleicht zunächst nicht mehr hören kannst.
Jene ungehörten, nicht anerkannten und geleugneten Aspekte haben viel größere Bedeutung für unser gesamtes Leben, als uns üblicherweise bewusst ist. Denn letztlich sind es genau jene Anteile, welche den Menschen und seine Vorhaben, sowie auch ein echtes, tief empfundenes Glücklichsein boykottieren!

Wer seine Vorhaben und großen Lebensziele in die Tat umsetzen will, muss alle Anteile die er in sich trägt kennen lernen. Er muss sich mit ihnen aussöhnen, ihnen zuhören und jenen Raum zugestehen, den auch die anderen, lauteren Anteile bekommen. Wird auch nur ein einziger Aspekt geleugnet, so wirkt sich das aus.

Ein Mensch ist dann nicht in seiner Kraft. Seine Energie schwindet mit der Zeit. Gerade die nicht respektierten Anteile sind entscheidend, ob ein Mensch glücklich sein kann. Nur mit ihnen vereint, kommt er in Harmonie mit sich und mit dem was er tut.

All das hat absolut nichts damit zu tun, wie viel an materiellen Gütern jemand anhäufen konnte.

Die Anteile deiner Seele bleiben bestehen, so lange du als Mensch hier bist. Wer darauf wartet, dass sie sich irgendwann von selbst auflösen, wartet vergeblich.

Doch die Art und Weise wie sie in dir agieren, was sie glauben und was sie dir mitteilen ändert sich, sobald du beginnst, dich mit ihnen zu beschäftigen. Dort liegt die Chance auf Heilung.

Was zum Beispiel dein <Inneres Kind> ängstigt und dich somit in gewissen Situationen boykottiert, ist nicht in Stein gemeißelt. Es kann erlöst werden.

Inneres Kind

Auch wenn du rein äußerlich betrachtet längst erwachsen bist, gibt es dich in deinem Inneren immer noch als Kind.

Kinder sind sehr empfindsame, empfängliche, wie auch anpassungsfähige Wesen. Doch sind sie auch äußerst naiv im Sinne von unwissend und unerfahren.

Der Seelenanteil welcher als das <Innere Kind> bezeichnet wird, ist in seiner Grundstruktur unglaublich liebevoll und neugierig. Er sprudelt vor Lebensfreude und kann jeden Moment völlig unvoreingenommen genießen. Nichts ist ihm wichtiger, als das Leben zu entdecken. Diese Grundstruktur des <Inneren Kindes> bleibt dem menschlichen Kind in dieser reinen Form nicht erhalten.

Ein Neugeborenes weiß noch nicht, wie diese materielle Welt beschaffen ist. Es weiß auch noch nicht, wie die so genannten "Erwachsenen" agieren.

In ihrer naiven Unschuld und großen, bedingungslosen Liebe ist Kindern nicht klar, dass diese materielle Welt nicht in dieser Weise ihr bestes will, wie behauptet wird. Die momentane Welt ist keineswegs darauf ausgerichtet, der Tiefe der Seele auch nur annähernd ihren Platz zuzugestehen.

Kinder halten sowohl die Welt, wie auch die Menschen darin ganz einfach für besser, als sie sind. Daher erleben alle Kinder immer wieder bittere Enttäuschungen, in welchen sie gezeigt bekommen, dass die Welt doch anders ist, als sie einst glaubten. Das Erkennen, wie diese Welt wirklich beschaffen ist, läutet den Prozess des Erwachsenwerdens ein.

Dieser gesamte Prozess kann nicht umgangen werden. Keine Kindheit ist perfekt, denn die Welt ist in diesem Sinne nicht perfekt. Doch wollen und müssen Kinder Teil dieser Welt werden, in welche sie hineingeboren wurden. Das alles gehört dazu!

Es ist wichtig, sich auch als Erwachsener immer wieder mit dem inneren Kind zu verbinden, um zu erkennen, in welchen Situationen noch immer aus der Rolle des Kindes heraus agiert wird.

Dem inneren Kind kommt im Bezug auf hierarchische Strukturen große Bedeutung zu. In der Kindheit wurden genau jene Strukturen erzeugt.

Dort beugte sich ein junger Mensch dem großen äußerlich einwirkenden Druck und passte sich in gewisser Weise an. Das Kind beschloss somit, welchen inneren Aspekten zugehört werden muss und welche Anteile stark zurückgedrängt werden müssen. Er ließ sich diese innere Struktur durch die Einwirkungen der Außenwelt aufzwingen. Die innere Struktur wurde zum Abbild dessen, wie das Kind das Leben und die Personen, welche darin vorkamen wahrnahm. Die Stimmen der Eltern und engen Bezugspersonen pflanzten sich tief ins Unterbewusstsein ein.

So lange das <Innere Kind> nicht erlöst wird, tragen sie maßgeblich zur Bewertung jeder Situation bei, in welche der spätere Erwachsene hineinkommt.

Eine ebenfalls nicht zu unterschätzende Rolle spielt, ob das Kind ein "braves" angepasstes Kind sein wollte und konnte, welches die Wünsche und Vorgaben der Eltern nicht in Frage stellte, oder ob es ein rebellisches Kind war, welches sich nicht anpassen konnte und wollte.

Die damaligen Interaktionen laufen wie unbewusste Film im Inneren der meisten Menschen ab. Das Leben, wie es sich in jedem einzelnen Moment zeigt, liefert immer Hinweise darauf, wie das innere Gefüge eines Menschen beschaffen ist. Die innere wie die äußere Welt, stehen in einer immerwährenden Wechselbeziehung.
So finden sich viele Menschen immer wieder in der Erfüllung der gleichen Rolle wieder. Vielleicht ist es die Rolle des angepassten Menschen, welcher die inneren Zweifel massiv bekämpft. Doch äußerlich betrachtet bleibt er lieb, brav und angepasst, um genau dafür Lob und Anerkennung zu erhalten.
Vielleicht ist es die Rolle des Rebellen, welcher in seinem Inneren, wie auch in der äußeren Welt, noch immer einen unbewussten Kampf gegen seine Eltern und deren Vorstellungen und Vorgaben führt.

Welche Rolle es nun ist, die immer wieder übernommen wird, spielt letztlich keine Rolle. Doch führen diese verborgenen Vorgänge dazu, dass der betreffende Mensch das Leben, wie es in seiner Fülle ist, so nicht wahrnehmen kann. Tatsächlich ist er gefangen in alten Mustern längst vergangener Tage. Er ist ständig damit befasst, sich mit den Zuständen seines Inneren, welche er ausschließlich auf die Außenwelt projiziert, auseinander zu setzen.

Das erklärt, weshalb manche Menschen auf gewisse Begebenheiten hin - für ihre Mitmenschen oft unerklärlich und völlig unvorhersehbar - schrecklich Angst bekommen, wütend werden, sich angegriffen fühlen oder ähnliche, wenig nachvollziehbare Reaktionen zeigen. Die Auslöser für solch heftige Ausbrüche bleiben Beobachtern oft völlig verborgen.

Ausmaß und Heftigkeit des inneren Kampfes werden innerlich besonders gut spürbar, wenn ein Ereignis eintritt, welches das gewohnte Lebenskonzept ins Wanken bringt und bedroht. Ein Mensch neigt grundsätzlich dazu, sich ein Lebenskonzept zu erstellen, welches unter anderem auf Angstvermeidung aufgebaut ist. Zerbrechende Lebenskonzepte bringen daher die vermeintliche Stabilität stark ins Schwanken. Die Angstvermeidung versagt. Das Spüren der Angst fühlt sich zunächst bedrohlich, dunkel und beengend an.

Jede Auseinandersetzung, jede Ablehnung, jeder Krieg gibt immer auch Hinweis auf den Krieg, welcher im Inneren aller Beteiligten tobt – wie auch auf ihre eigene Rolle in diesem Schauspiel.

Das Kind, welches du einst warst, hat viele falsche Schlüsse aus den Dingen gezogen, die ihm widerfuhren. So glauben fast alle Kinder, sie seien für ihre Eltern und die Art der Beziehung ihrer Eltern miteinander, in irgendeiner Weise verantwortlich. Dies ist eine Fehlinterpretation. Tatsächlich sind sie nicht verantwortlich sondern abhängig, von einem möglichst stabilen Familiengefüge.

Es ist kein Zufall, dass viele Scheidungskinder sich innerlich selbst die Schuld dafür geben, da es zu einer Trennung kam.

Kinder sind abhängige Wesen. Ihr angeborener Instinkt weiß, dass ihr Überleben von einem stabilen Umfeld abhängt. Was also bleibt Kindern übrig, als energetisch mit dafür zu sorgen, dass eine Familie zusammen bleibt. Wenn ein Kind nun erlebten musste, dass es das nicht schaffte, so macht es sich in vielen Fällen selbst dafür verantwortlich.

In späteren Jahren mag es für das einstige Scheidungskind vom Verstand her klar sein, dass es wohl doch keine Schuld am Zerbrechen der Familie trägt. Doch innerlich sieht die Sache völlig anders aus.

Dem <Inneren Kind> hilft es nicht, wenn der Verstand es mit Aussagen wie: *"Meine Eltern sind selbst schuld!"*, oder *„Einer von beiden hat den anderen betrogen, oder nicht wirklich geliebt!"*, abspeisen will.

Hier versucht lediglich die innere hierarchische Struktur dafür zu sorgen, dass das <Innere Kind> endlich Ruhe gibt. Der Verstand diskutiert oder argumentiert mit einer Sprache und Autorität, die dem <Inneren Kind> nicht hilft, es weder erreicht, noch heilt.

Das <Innere Kind> will gehört werden! Es will erzählen, wie es sich fühlte, als das damals passierte - Egal um welche Situation es ging. Es will ernst genommen werden, anerkannt in seinem Fühlen. Es will seinen Raum bekommen. Es will vielleicht auch einfach einmal weinen dürfen oder wütend sein.

Wenn das alles passieren darf und Raum bekommt, dann geschieht bereits Entspannung und Lösung. Die innere Unterdrückung und der Krieg gegen das <Innere Kind>, beginnen sich in diesem Bereich zu legen.

Nun geht es aber noch ein Stückchen tiefer und weiter, weshalb es sich wirklich lohnt, dem <Inneren Kind> noch weiter Aufmerksamkeit zu schenken.

Gewiss hat das Kind, welches du einst warst, Beschlüsse oder Entscheidungen getroffen, weil es zum Beispiel glaubte an etwas Schuld zu tragen. Oder aber es meinte, nicht lieb, nett, oder klug genug gewesen zu sein.

So könnte ein Beschluss, welcher darauf hin getroffen wurde, in etwa so lauten:

„So verhalte ich mich nie mehr, denn dann passiert wieder ... (Bitte füge selbst ein was für dich gerade passend ist)!"

Mit Sicherheit hat dieses Kind aus solchen Situationen heraus Glaubensgrundsätze entwickelt.

Manche können sich in etwa so anhören: *„Ich bin ein Versager und schaffte es nicht, dass meine Eltern zusammen blieben, ich kann nicht einmal das richtig!"*

Solche Glaubensgrundsätze sitzen tief und wirken sich maßgeblich auf das momentane Leben aus.

Zudem wurden Zusammenhänge zwischen Ereignissen hergestellt. In Wahrheit jedoch, handelte es sich lediglich um ein zusammenhangloses, zeitliches Aufeinandertreffen, mehrerer Begebenheiten.

Alle diese Ereignisse erzeugen eine geballte Ansammlung stark wirkender Einschränkungen. Allesamt sind rein äußerlich nicht sichtbar, sondern haben ihren Einfluss auf der unsichtbaren Ebene.

Vielen Menschen ist bewusst, dass die aktuellen Probleme auf Ereignisse der Kindheit zurückzuführen sind. Jedoch verbringen manche Menschen ihr ganzes Leben damit, sich auf ihre *schlimme* Kindheit hinauszureden. Sie erklären sich und der Welt, weshalb in ihrem Leben nichts funktioniert. Sie verweigern sich ihrem Leben. Sie übernehmen keine Verantwortung für sich oder irgendetwas.

Gewiss waren manche Erfahrungen schlimm und traumatisch. Keine Kindheit läuft ohne schlimme Ereignisse ab, wenn auch Ausprägungsgrad, sowie das subjektive Empfinden, unterschiedlich sind.

Doch hilft es nicht, in seiner Wut zu verharren, und die alten Wunden zu verhätscheln.

Wer soll denn insgeheim (noch immer oder auch stellvertretend) bestraft werden?

Vielleicht bestraft sich der Betroffene selbst, weil er sich schuldig fühlt, es damals nicht besser gemacht zu haben.

Vielleicht ist der Betroffene auch wütend auf sein Leben, weil es ihm die schlimmen Situationen oder Menschen geliefert hat.

An wem wird insgeheim Rache genommen?

Wer wird aus diesem Grund heute noch bekämpft oder bestraft?

Eines muss klar sein:

Kein Rachefeldzug wird das innere seelische Gefüge je ins Gleichgewicht bringen!

Vielleicht sind die einstigen Verursacher ohnehin längst aus dem Leben des Betroffenen verschwunden. Auch keine innere Selbstbestrafung für vermeintliche Fehler, wird je etwas positiv verändern. Auf diese Weise entsteht lediglich Stillstand im Inneren des Menschen. Die Fronten verhärten sich.

Gleichzeitig entsteht auch immer Stillstand in der äußeren Welt. Der Mensch selbst wird stur, hart und unzugänglich. Vermutlich kann der Betroffene auch nie das tun, was er sich wirklich von Herzen wünscht. Er hält sich innerlich selbst blockiert.

Unterdrückte Anteile können nicht nachgeben. Sie können nicht verschwinden. So verbleiben sie in ihrer unerlösten Position - so lange, bis entweder der Mensch beschließt etwas zu unternehmen, oder bis er durch äußerliche Einflüsse des Lebens dazu gezwungen wird. Womöglich muss er erst zusammenbrechen, damit er endlich aufhört, dieses unsägliche Spiel fortzuführen.

Die äußere Welt ist ein Abbild der inneren. Ausschließlich im Inneren kann Heilung geschehen, der Ausgleich geschaffen, die Irrtümer entlarvt und der persönliche Krieg beendet werden.

Ein <Inneres Kind>, welches in unerlösten Strukturen gefangen bleibt, wird den erwachsenen Menschen boykottieren, egal wie alt er wird. Die Zeit lässt nur vergessen, doch heilt sie nicht. Die Zeitentwicklung allerdings weist die Menschen nun immer mehr auf die Wichtigkeit ihrer inneren Heilung hin.

Die äußerlich versuchten Korrekturen und Reparaturen misslingen immer häufiger. Oder aber sie fordern bereits so viel Energie ein, dass es irgendwann unmöglich wird, diesen Anforderungen noch nachzukommen.

Heilung erfolgt lediglich über das Ansehen, Anerkennen und Ernstnehmen dessen, was da wirklich in dir schlummert und endlich angesehen werden will!

Abnabelung

Wie die menschlichen Eltern untereinander agierten und wie diese sich ihrem Kind gegenüber verhielten, prägte das innere Gefüge maßgeblich.
Die Seelenanteile der <Inneren Mutter> und des <Inneren Vaters> müssen von den Überlagerungen durch die menschlichen Eltern befreit werden. Die Positionen, welche Eltern für das einstige Kind übernahmen, müssen aufgelöst werden. Das ist Teil des unbedingt erforderlichen Abnabelungsprozesses.

In der westlichen Kultur wissen die Menschen kaum noch um die Wichtigkeit einer ernsthaft und bewusst durchgeführten Abnabelung - sowohl von Seiten der Eltern als auch der Kinder!
Alle Eltern wollen und müssen ihre Kinder beschützen. Auch wenn keineswegs alle Eltern diesen Anspruch erfüllen können, so versuchen sie doch zumeist ihr bestes.
So wollen Eltern für gewöhnlich nicht, dass ihre Kinder sich zu weit von zu Hause entfernen – sei es nun im wörtlichen oder im übertragenen Sinne.
Hat diese Einschränkung in der Kindheit seine Berechtigung, so muss sich ein erwachsen werdender Mensch vom bisherigen Schutz durch seine Eltern befreien.
Geschieht das nicht, bleibt er in der Rolle eines Kindes stecken. Bei allen möglichen Schwierigkeiten, bei allen Stürmen, die das Leben natürlicherweise mit sich bringt, wird der nicht abgenabelte Mensch sich Hilfe suchend hinter der „Rockschürze der Mutter" verstecken. Besagte „Rockschürze der Mutter" sollte durchaus auch symbolisch verstanden werden. Im späteren Leben nicht abgenabelter Menschen übernehmen oftmals andere Personen die Funktion der *Mutter* oder des *Vaters*. Eine außenstehende Person soll stellvertretend, die vermeintlich „richtigen" Entscheidungen treffen. Ähnlich einer Eltern-Kind-

Beziehung wird die Verantwortung für das eigene Leben nicht vollständig selbst übernommen, sondern auf eine neue Autoritätsperson übertragen.

Um in die eigene Verantwortung zu kommen, darf sich ein Mensch nicht länger vorschreiben lassen, wie weit er sich von zu Hause entfernt. Er muss jede verinnerlichte Anweisung erkennen, um sich anschließend zu entziehen. Hier muss bereits der einst notwendigen Angepasstheit ins Auge geschaut werden. Sie muss als eine vorübergehende Schutzmaßnahme erkannt werden, welche aber im Leben eines Erwachsenen nur hinderlich ist, bleibt sie unhinterfragt beibehalten.

Der ausgetretene Pfad muss verlassen werden. Dem <*bösen Wolf*> muss begegnet werden.
Erst wenn bisherige Grenzen überschritten werden, beginnen sich die wahren Seelenkräfte und bis dahin verborgene Qualitäten eines kraftvollen Menschen zu zeigen und zu entfalten. Erst jetzt kommt ein Mensch in die Lage, sich selbst wirklich kennen zu lernen. Erst jetzt kann er zu neuen Ufern aufbrechen und entdecken, wozu er in der Lage ist. Ein Mensch wächst ausschließlich an den Herausforderungen, denen er sich stellt.

In ähnlicher Weise gilt es, sich von allen einstigen Bezugspersonen, die sich in irgendeiner Form einschränkend auswirkten, zu lösen. Es spielt keine Rolle ob es sich um Verwandte, Bekannte, Lehrer, Lebensgefährten oder sogar um Freunde handelt.

Sie alle müssen von *deinem* inneren Thron gestoßen werden. Du allein entziehst ihnen somit das Recht auf Bestimmung in deinem Leben als Erwachsener. Du selbst musst deinen Thron besteigen, der dich zum <König>

oder zur <Königin>, zum <Herren> oder <Herrin> über dein Leben ermächtigt.

Dafür musst du deine eigenen inneren Aspekte betrachten und erkennen. Du musst deine inneren Kritiker entlarven, welche dich einschränken, dir erklären was sich gehört und was nicht. Du musst herausfinden, in welcher Situation alte Aspekte bestimmend eingreifen und dich in ein altes, kindhaftes Schema zurückversetzen. Diese Aufgabe kannst nur du allein für dich erledigen.

Wird ein Mensch Stück für Stück von alten konditionierten Mustern befreit, beginnt sich die ursprüngliche, wahre Qualität und Kraft der inneren Aspekte zu offenbaren. Schrittweise kann der Mensch sich seinen wahren Tiefen nähern.

Die weibliche Kraft der Seele liegt tief verschüttet unter vielen Schmerzen und alten Blockaden. Doch wird das nicht so bleiben. Sie strebt nach ihrer Befreiung, denn dies liegt in ihrer Natur!

Der Verlust der Seele

Um die Seele zu befreien und verlorene Anteile zurück zu holen, ist es notwendig an jene Orte zu reisen, an welchen die Seele Stück um Stück beraubt wurde.

Wie bereits erwähnt, sind Kinder unglaublich liebevolle, noch sehr weit ausgedehnte Wesen. Sie sind vollkommen in der Liebe zu allem und jedem. Aber sie sind auch unschuldig in naivem Sinne. Sie sind einfach unerfahren.

Sie wissen noch nichts über die seelenfeindliche Gesellschaft, in welche sie hineingeboren wurden. Das erklärt auch, dass sie unumschränkt alles wertschätzen.

Zu Beginn ihres Lebens können sie sich nicht vorstellen, irgendjemand wäre weniger auf Liebe ausgerichtet, als sie selbst es sind.

Zum Aufwachsen gehört es jedoch unbedingt dazu, Normen und Regeln der momentanen Gesellschaft kennen zu lernen. Um diese Welt überhaupt zu begreifen, müssen Kinder nach und nach in diese grobe Daseinsform eintauchen und sie erfühlend erkunden.

In mancher Kindheit gab und gibt es herausragend schlimme Begebenheiten. Die Unfassbarkeit dessen was vor sich ging, warf sie mit einem Male aus der Vorstellung einer heilen, liebenden Welt. Dieser Schock raubte ihnen einen Teil ihrer Seele, warf sie in Verwirrung und Schmerz. In manchen Leben waren und sind es die steten, weniger auffälligen Situationen und subtilen Begebenheiten. In diesen wurde den einst naiven Kindern beständig eingetrichtert, wie sie passender wären, wie sie sich zu benehmen hätten, was sich schickte und was nicht. Das ist Seelenraub auf Raten, jedoch nicht minder in seinen Auswirkungen.

Die auf diese Weise verwundeten Seelen wurden und werden angezapft. Sie sind in solch einem Moment leicht manipulierbar.

Das Kind verliert ohne Vorwarnung etwas, das es nicht benennen kann. Dieses unsichtbare *Etwas* gab ihm zuvor wie von selbst Halt. Da es nun plötzlich fehlt, macht sich eine unglaubliche Verwirrung breit. In solchen Momenten vergisst das Kind, wie es in sich ruhen kann. Zuvor befand es sich in einem Zustand, in dem sich alles im Fluss befand. Alles erschien völlig harmonisch und selbstverständlich. Doch von einem Moment auf den anderen, oder langsam, Tropfen für Tropfen beginnt dieser Fluss zu versiegen. Völlig verwirrt weiß ein Kind nun nicht, wie es wieder an jenen Ort, jenen inneren reichen Ort seiner inneren Ruhe und Zufriedenheit zurück gelangen könnte. Das Paradies wurde ihm entrissen.

Ein Kind ist es gewohnt seine Bezugspersonen um Hilfe zu bitten. Doch was könnten selbst ihrer Seele beraubte Eltern einem Kind an Unterstützung bieten? Auf seiner verzweifelten Suche, fällt es nun allzu leicht auf falsche Versprechen herein – wie schon so viele Generationen vor ihm. Jetzt wird einem jungen Menschen erklärt, wie er funktionieren muss. So wird dem Kind erzählt, würde es gewisse – ihm auferlegte - Aufgaben best möglich erledigen, würde alles gut werden.

Im Moment der großen Verwirrung kann kein Kind unterscheiden, wer es wirklich gut mit ihm und seiner Seele meint und wer nicht. Es möchte einfach nur wieder in den verlorenen Fluss der Liebe eintauchen. Es fällt daher so leicht auf falsche Liebesversprechen und Tauschhandel herein. Was ein Kind ebenfalls nicht wissen kann ist, dass letztlich niemals alle auferlegten Pflichten erfüllt sein werden. Das Versprechen wird nie eingelöst, sondern immer auf einen späteren Zeitpunkt verschoben.

All das ist weniger häufig ein bewusst böswilliger Akt von Seiten derer, die dem Kind die Welt, in welche sie hineingeboren wurden, zeigen müssen. Es ist vielmehr ein unvermeidlicher Akt, welchen in unterschiedlichen Ausprägungen alle Menschen erfahren müssen.

Fatal wäre es allerdings im späteren Leben alles dabei zu belassen. Es ist wenig hilfreich stehen zu bleiben, wenn das einstige Kind längst selbst Verantwortung für sich übernehmen müsste.

Gewiss macht sich mitunter dumpfe Wut auf Eltern, Lehrer oder sonstige Vertraute des einstigen Kindes breit. Wut und Groll gegen das was geschah, einst geschehen musste, haben ihre Berechtigung. Sie wollen angesehen werden, um Erlösung zu erfahren. Bleiben sie jedoch aufrecht erhalten, führt dies zu einer Erstarrung in welcher keine Lösung des inneren Konfliktes möglich ist.

Jeder innere Kampf, der nicht gelöst wird, führt lediglich zu Verhärtung.

Genauso wenig hilfreich ist es, was geschah zu negieren. Jede Form der Verleugnung führt ebenso zu Stillstand.

Begleitet werden solche Ereignisse immer auch von Selbstvorwürfen und Beschuldigungen. Die damals eingerichteten Erklärungen des nicht Genügens und noch mehr leisten Müssens, tragen maßgeblich dazu bei. Sie wirken wie Dogmen. An sie muss geglaubt werden. Sie dürfen erst gar nicht in Frage gestellt werden.

Solche innerlichen Verurteilungen und Dogmen verbleiben in den Energiesystemen der Menschen und blockieren sie. Diese Geschehnisse müssen geklärt werden, möchte man eines Tages daran nicht auch körperlich erkranken.

Manche Menschen neigen dazu auf ihrem alten Schmerz sitzen zu bleiben. Wie ein Märtyrer tragen sie diesen vor sich her. Wie eine Trophäe wird er bei jeder passenden oder unpassenden Gelegenheit benutzt, um sich an ihm zu laben oder sich mit ihm zu brüsten.

Versteckte Aussagen wie: *„Schaut alle her was ich alles ertragen musste...!"*, sind in einem solchen Fall keine Seltenheit.

Mindestens ebenso lebensfeindlich ist es, den alten Groll und Schmerz zu negieren, oder ihn womöglich innerlich noch zu bejahen, weil der eigene Selbsthass es unmöglich macht, ihn ziehen zu lassen.

Viele Kinder unterliegen fatalen Irrtümern. Bis zum heutigen Tag glauben sie ihren einstigen Bezugspersonen viele der Urteile, welche diese dereinst fällten. Dabei spielt es keine Rolle, ob es sich um Urteile über sie selbst, das Leben oder andere Menschen handelt. Sie glauben selbst als Erwachsene noch, dass sie zu wenig gut, zu wenig brav, zu wenig leistungsfähig, zu wenig angepasst, oder vielleicht zu stur wären. Sie glauben noch immer, dass das Leben hart und beschwerlich sei, oder der Mensch grundsätzlich falsch, dumm oder schlecht.

Die verurteilenden Stimmen einstiger Bezugspersonen entwickeln sich zu inneren Richtern, welche alles was im Laufe des Lebens getan oder gelassen wird, sofort in seelenfeindlicher Weise zu kommentieren wissen.

Viele kennen gewiss solche inneren Stimmen, welche sich bei jeder Gelegenheit in den Vordergrund drängen.

Sie können in etwa von folgenden Dingen erzählen:

„Ich hab dir doch schon vorher gesagt, dass das nichts wird!"

„Das hättest du auch gleich lassen können, das kannst du doch nicht!"

„Lass bloß die Finger davon, das gehört sich nicht!"

„So etwas sagt/ fragt/darf man nicht!"

„Das ist nichts für dich!"

„Zeig dich nur ja nicht so wie du bist, sonst ..(bitte selbstständig ausfüllen)...*!"*

Diese Liste ließe sich beliebig fortsetzen.

Schnell wird klar, wie sehr all dies den natürlichen Fluss der Seele ins Stocken brachte.

Ohne seine Befreiung, wird dieser Fluss durch die innerlich aufrecht erhaltenen Blockaden ständig aufs Neue unterbunden. Die natürliche, kreative Ausdrucksfähigkeit der Seele bleibt abgeschnitten.

Auf diese Art wurden Generationen an seelenfeindlichen Menschen "erzeugt" welche sich selbst zutiefst verachten und dafür schämen, wie sie in Wahrheit eigentlich sind. Nur wenige Menschen besitzen den Mut sich zu zeigen wie sie wirklich sind.

Bei Frauen ist dies noch stärker ausgeprägt als bei Männern. Wie viele Frauen fühlen sich nicht wertvoll, einfach, weil sie *Frau* sind. Viele fühlen sich nur dann anerkannt oder wertvoll, können sie auf einen Mann an ihrer Seite verweisen, der ihrem Dasein Rechtfertigung zu geben scheint. Wie viele Frauen haben als größtes - wenn nicht oft sogar einziges - Lebensziel geheiratet zu werden und Kinder zu bekommen.

Im Leben der Männer nimmt „Selbstverwirklichung" immerhin einen größeren Stellenwert ein. Wobei angemerkt werden muss, dass gesellschaftlich anerkannte „Selbstverwirklichung" mit der Verwirklichung des Wahren Selbst und der Tiefe der Seele, wenig zu tun hat.

Doch nichts von all dem bleibt so. Die Seele strebt nach Freiheit. Sie hat längst genug davon, sich verbiegen und unterdrücken zu lassen. Längst haben viele Menschen damit begonnen, sich ihre Seelenanteile zurückzuholen. Viele haben begonnen zu hinterfragen, was sie über einen langen Zeitraum hinweg unangetastet gelassen hatten.

Wir müssen dringend damit aufhören, eine Liebe zu suchen, wenn wir gar nicht mehr wissen wer wir sind und was wir eigentlich wirklich brauchen. Wir müssen uns wieder mit unserer Seele, unserer Urnatur und unserer Tiefe verbinden.

Erst dann wissen wir genau was uns gut tut. Dann gibt es auch keinen Grund mehr, uns auf etwas Anderes als das einzulassen.

Ein von seiner Seele entfremdeter Mensch, egal ob Mann oder Frau, wird ewig auf der Suche sein. Eines Tages wird er an einem Punkt ankommen, an dem er erkennen muss, dass das wovon er sich etwas versprach, ihm längerfristig betrachtet nichts Echtes brachte. Enttäuschung ist unumgänglich, so lange der grundlegende Irrtum nicht entlarvt wird.

Es ist nicht das Fehlen der anderen, die dabei versagten uns die Liebe zu schenken, von welcher wir meinten sie zu verdienen. Es ist das Fehlen von Bewusstheit über unsere Seele. Es ist unsere mangelnde Kenntnis über den Verlust unserer Seelenanteile.

Dies machte uns zu Hungernden und Verdurstenden, ständig auf der Suche, ständig beschäftigt und niemals zur tiefen, inneren Ruhe kommend.

Es wird dringend Zeit aufzuhören darauf zu warten, dass uns jemand aus unserer Misere erlöst. Das wäre die Erwartungshaltung eines Kindes, welches nicht erwachsen werden will. Wir können und müssen uns selbst befreien wollen.

Wir müssen uns mit vielen alten Situationen und Begebenheiten konfrontieren, worauf wir vielleicht schon längst vergessen haben. Doch sowohl unsere Seele als auch unsere Körperenergie haben all das nie vergessen. Dort schlummern diese Dinge völlig unbeachtet vor sich hin. Sobald sie Beachtung und Respekt finden, sobald sie anerkannt und durchforstet werden, beginnt Heilung. Sobald all die verschobenen und verdrehten Anteile angesehen und an ihren richtigen Platz zurückgetragen werden, beginnen wir wie von Zauberhand in eine neue, gesündere Ordnung zu fallen.

Dies alles braucht Hingabe und Geduld. Vor allem aber braucht es auch Mut, sich all dem stellen zu wollen und nicht bei der kleinsten Schwierigkeit wieder umzukehren, um die Türe schnell wieder zu verriegeln.
Wenn das passiert, muss vielleicht eine Weile gerastet werden. Aber eines Tages müssen wir wieder dorthin zurückkehren. Denn genau dort liegt der Schlüssel für uns bereit, der uns endlich befreit aus dieser Mühle - einem Hamsterrad aus ständiger Betriebsamkeit, aus einem hinterher Hecheln nach Dingen oder Menschen, von denen wir uns Erlösung erhoffen. Am Ende werden wir doch nur wieder enttäuscht, innerlich leer und noch ein Stückchen ratloser zurück zu bleiben.

Die weibliche Kraft

Die seelenfeindliche Außenwelt hat Frauen dazu gebracht, auf ihre wahre innere Stärke zu vergessen, sie zu negieren und sogar selbst zu bekämpfen. Jede Frau welche ihre Seele leugnet und sich lieber den gängigen Strukturen unterwirft, negiert automatisch ihre weibliche Kraft, welche ausschließlich in der Tiefe der Seele zu finden ist.
Die äußeren Zwänge und Vorschriften nach Angepasstheit zwangen Frauen in diese Position. Doch müssen sie sich bewusst werden, dass sie jederzeit aussteigen und sich entziehen können. Sie selbst sind es, die äußere Widerstände an vielen Stellen immer wieder erneut bejahen und sich ihnen beugen. Oder aber sie steigen aus und verwehren sich den Umgang mit ihrer Seelentiefe nicht mehr länger. Das ist die Entscheidung, welche jede Frau für sich selbst trifft.

So lange Frauen sich ihrer weiblichen Kraft verweigern, tobt in ihrem Inneren ein Kampf. Oft bleibt das äußerlich betrachtet unbemerkt. Die meisten Frauen sind doch geübt darin, die Rolle der Angepassten zu spielen.

Ab und an aber drängt dieser Kampf an die Oberfläche. In solchen Momenten sind Frauen weder liebevoll, noch stark, oder strahlend. Wenn die unterdrückte und darum verbogen weibliche Kraft an die Oberfläche drängt, ist sie zerstörerisch. In den ungünstigsten Momenten bricht sie dann hervor und vermag es, alles ernsthaft zu bedrohen, wofür lange Zeit gearbeitet wurde. So wird vielleicht ein lang gehegtes Projekt, welches viel Zeit und Mühe gekostet hat, im letzten Moment vor seiner Vollendung zerstört. Vielleicht zeigt sie mit einem Male ein solch hasserfülltes, beinahe verzerrtes Gesicht, dass ihr Umfeld verschreckt zurückweicht.

Diese weibliche Kraft, welche in solchen Momenten in ihrer dunkelsten Weise zum Vorschein kommt, lässt sich weder kontrollieren noch im Zaume halten. Verzweiflung macht sich breit, wenn alles in Schutt und Asche liegt und die Frau niemanden anderen als sich selbst dafür verantwortlich machen kann, weil sie unkontrolliert und zerstörerisch agierte. Die verdrehte, unterdrückte weibliche Kraft scheint sich auf ihre Weise zu rächen.

Es gibt scheinbar offensichtliche Auslöser in der Außenwelt. Diese könnten manche Frau glauben machen, ihre Überforderung und Überlastung läge an einem wenig wertschätzenden Partner, an ihren zu lauten oder zu fordernden Kindern, an ihrem zu anstrengenden Beruf, oder anderen Lebensumständen, mit welchen sie sich konfrontiert sieht. An dieser Stelle ist aber der Hinweis wichtig, dass diese offenkundigen Auslöser das Leben zwar deutlich erschweren, doch die wirkliche Ursache für ihre Erschöpfung liegt sehr viel tiefer und ist weit weniger offensichtlich.

Manche Leserin könnte unter Umständen glauben, das Verlassen der offensichtlich zu anstrengenden Familie würde das grundsätzliche Problem lösen, doch ist dem nicht so. All diese äußeren Auslöser weisen notwendigerweise auf etwas sehr viel tiefer Liegendes hin, das dringend Beachtung verlangt.

Freilich wird es zeitweilig nötig sein, den momentan zu anstrengend gewordenen Forderungen der äußeren Welt einen Riegel vor zu schieben und auf Zeiten der Ruhe und des Rückzuges zu bestehen. Doch diese Zeit will genutzt werden, um das zu erkunden, was sich unter all dem verbirgt. Die Tiefe muss durchleuchtet und die wahren Auslöser der Überanstrengung müssen entlarvt werden.

Eine Frau, welche sich häufig in überfordernden Situationen wieder findet, kann nicht ausschließlich ihr Umfeld oder ihre Lebenssituation dafür verantwortlich machen. All diese Muster trägt sie bereits in sich.

Dort gilt es hinzusehen, um sich schließlich wahrhaft davon zu befreien, anstatt eine voreilige Flucht aus den momentanen Lebensumständen anzutreten.

Der Pfad der Einweihung muss die Frau in ihre Tiefen zurückführen. Sie muss an jene Orte gelangen, an welchen sie sich selbst ihre wahre Weiblichkeit zu versagen begonnen hat.

Eine Frau, welche ihren inneren Konflikt noch immer negiert, muss sich zudem oberflächliche Beschäftigungen und Ersatzbefriedigungen verschaffen. Sie verwaist ihren so wichtigen ursprünglichen Anteil ihrer selbst und versagt sich somit die Möglichkeit, mit sich selbst und der Welt in Harmonie zu sein, mit dem Leben mitzuschwingen. Den Stürmen des Lebens zu begegnen, fällt ihr schwer. Das Leben selbst erscheint mühselig. Sie hat keine innere Balance und nichts, was ihr echten Halt versprechen könnte. Sie ist geprägt von Unsicherheiten und bleibt von Lob, Zuspruch und Anerkennung durch die Außenwelt abhängig. Überall sucht sie nach Bestätigung, um ihre eigene Verwirrtheit irgendwie in den Griff zu bekommen – was letztlich immer misslingen wird! Doch bleibt sie so jenem Teil der oberflächlichen Welt ausgeliefert, in welcher Verdrehung all dessen was wahrhaft ist, an der Tagesordnung steht.

Die einzige Möglichkeit die sie hat, ist wieder zurückzufinden in ihre verdrängten Tiefen. Sie muss sich wieder bewusst werden, dass da etwas in ihr nach Aufmerksamkeit verlangt und dieses ursprüngliche, unbezähmbare Wesen ein wichtiger Teil von ihr ist!

Der Weg zurück führt darüber, jener Verbannung ins Auge zu sehen. Sie muss sich mit ihrer Angst und Abwehr vor äußerer Verbannung auseinander setzen. So muss sie erkennen, wo sie sich selbst einst verraten hat, als sie ihr verborgenes, ureigenes Wissen verleugnete und sich dem Reigen ihrer Unterdrücker anschloss, anstatt für sich selbst gerade zu stehen.

Zugegeben ist es eine der größten Herausforderungen in diesen Zeiten, in welchen die meisten Menschen viel dafür tun anders zu sein, als sie wirklich sind. Nur wenige wagen es, wahrhaft sie selbst zu sein, wahrhaften Mut zu beweisen und nicht zu weichen.

Der Prozess der Gesundung beginnt nicht in der äußeren Welt. Er beginnt im Inneren der Psyche. Die inneren Konflikte, der Selbstverrat, der innere Betrug und fortwährende Kampf, muss dort enttarnt werden. Ihre Heilung und Ganzwerdung muss jede Frau vorrangig in sich durchleben.

In der Folge wird sie sich in Lebenssituationen wieder finden, in welchen sie anwenden muss, was sie für sich erkannt hat. Jetzt gilt es für sich selbst gerade zu stehen. Jetzt muss sie das nachholen, wovor sie sich so lange versteckt hat.

In einer solch wichtigen Phase kann sie nicht unbedingt erwarten, Unterstützung von außen zu bekommen. Sie darf hier auf keine verlockende, sie beschützen wollende „Rockschürze" hereinfallen. Sie selbst muss ihrem ehemaligen Selbstverrat ins Auge sehen. Sie muss sich ihren Ängsten stellen, welche sie dazu brachten, sich lieber doch anzupassen, anstatt kraftvoll und stark, auf ihr wahres Frau-Sein zu bestehen.

Es wird ihr nichts nützen, wenn sie darauf wartet, dass ihr Mann, die Familie oder Freunde ihr die Erlaubnis erteilen, diesen Weg zu gehen. Ihn muss sie gehen, weil sie es für sich selbst tun muss - notfalls auch gegen den Willen derer, die Veränderung fürchten.
Es ist Teil ihres Einweihungsprozesses, dem Schreckgespenst einer befürchteten Verbannung ins Auge zu sehen. Nur so lernt sie, für sich selbst gerade zu stehen, auch wenn die äußere Welt laut aufschreit und mit Verhaltenvorschriften aufwarten will.

So wird sie Schritt für Schritt Bekanntschaft, mit ihrer ureigenen Kraft machen. Sie wird sich völlig neu erfahren. Ihre weibliche Kraft, welche sie zuvor auf bitterste bekämpfte, wird nun zu ihrer Verbündeten.
Mit diesem inneren Rückhalt und tief greifender Unterstützung wird sie völlig anders durchs Leben gehen können. Sie kann den Stürmen begegnen. Sie hat für sich das Wertvollste, das ihr dieses Leben schenken kann, zurückerobert! Sie wird wieder zur <Königin> in ihrem inneren Reich!

Es kommt der Tag an dem sich eine Frau in ihre Tiefe begeben muss, weil die äußere Welt zu laut, zu hektisch, zu turbulent und zu kräftezehrend geworden ist.
Wenn eine Frau nicht begriffen hat wie wichtig es ist, sich der eigenen Seele immer wieder zuzuwenden, um ihr

zuzuhören, wird sie sich in der äußeren Welt verlieren. Hektische Betriebsamkeit, ein Fordern nach Ausgleich, sowie ein zielloses Umherirren sind die Folge. Der Verlust der inneren Kraft kann in der materiellen Welt nie wirklich ausgeglichen werden - weder durch den besten Partner oder den tollsten Job, noch durch die wunderbarsten Kinder.

Der Verlust der inneren Kraft lässt Frauen leer werden. Nichts auf dieser Welt kann dieses Loch je schließen. Den Schlüssel trägt allein sie selbst.

Der Pfad der Einweihung

Eines Tages muss er angetreten werden, jener Pfad in die eigenen Seelentiefen, um sie auszuloten und herauszufinden, was sich dort verbirgt.

Es muss durchlichtet werden, was so lange ungesehen, so lange nicht betrachtet wurde, weil die meisten von uns nie lernten, wie unglaublich wichtig das ist.

Am Beginn dieser Reise muss eine Frau beginnen, sich selbst nichts als die reine Wahrheit zu sagen.

Bei dieser Einweihung handelt es sich um die Konfrontation mit den wahren, echten Gefühlen. Diese muss sie sich eingestehen, egal wie düster sie aussehen mögen, egal wie unschick, unangemessen, verboten oder beschämend es ihr erscheinen mag, solche Gefühle frei zu legen.

Es ist angemessen, sogar unbedingt erforderlich, um ihre Seele zu retten. All das ist nun einmal dort. Nie verschwindet es von selbst. Stattdessen richtet es immerfort heimlichen Schaden an, so lange so getan wird, als wäre alles ganz anders.

Hier muss eine Frau ihre bisherigen Grenzen sprengen: Die Grenzen dessen was sich schickt, die Grenzen von gesellschaftlichen Vorstellungen und Normen, die sie auf den Umgang mit ihrer eigenen Seelentiefe übertragen hat.

Im Umgang mit ihrer eigenen Tiefe ist es unbedingt ratsam, sich nicht zu lange von gängigen Normen aufhalten zu lassen. Es ist vielmehr unerlässlich, sie grundsätzlich in Frage zu stellen und genau hier weiter zu forschen, um zu entlarven, was sich dahinter noch so alles verbirgt.
Jenseits dieser Vorstellungen, die sich wie Dogmen in den Systemen der gesamten Menschheit eingenistet haben, eröffnet sich eine Welt, die mehr denn je nach Beachtung verlangt.

Stolpersteine

Auf jedem Einweihungsweg liegen Stolpersteine im Weg. Sie dienen dazu, die Willenskraft zu testen und den Mut zu stärken. Sie dienen auch dazu, mehr denn je zu hinterfragen. Hinterfragen ist ein unbedingt notweniges Werkzeug, um die ausgetretenen, gewohnten Pfade auch wirklich verlassen zu können. Nur wenn eine Frau unbequeme Fragen stellt, kann sie auch Antworten jenseits der gängigen Norm erhalten. Es werden gleichzeitig die Antworten sein, welche sie wirklich braucht.

Sich in die eigenen Tiefen zu versenken ist lebensnotwendig. Doch alle, die sich dessen nicht bewusst sind, sind geübt darin mit einschränkenden Vorschriften aufzuwarten. Schnell werden die Stimmen derer laut, die sich einbilden zu wissen, was zu sein hat, was sich gehört und was nicht. Alle diese Vorstellung müssen durchleuchtete werden. Auch müssen jetzt grundsätzliche Fragen gestellt werden:

Wer würde es einer Frau verbieten, sich in die eigenen Seelentiefen zu begeben um dort freizulegen, was dort schon so lange schlummert?

Wer würde von ihr verlangen, dass sie wie ein zielloses, schwaches, immer energieärmeres Geschöpf - beinahe einem Zombie gleich - durchs Leben schleicht?

Wer würde wollen, dass sie dies immer weiter fortführt, bis sie körperlich oder seelisch nicht mehr in der Lage ist, auch nur irgendetwas zu tun, was ihr selbst noch Freude bereitet?

Wer würde wollen, dass ihre innere Unzufriedenheit sich auf ihren Partner, ihre Kinder, oder auf ihren Beruf massiv auswirkt?

Wer könnte wollen, dass sie mit Schuldzuweisungen und Vorwürfen um sich zu werfen beginnt, egal ob diese nun laut ausgesprochen werden oder ob ihre stille Wut in allen möglichen Bereichen sichtbar wird?

Wer könnte wollen, dass sie bis zur Besinnungslosigkeit irgendwelchen Beschäftigungen nachgeht, oder sich Süchten hingeben muss, um irgendwie mit ihrer inneren Leere zurechtzukommen?

Wahrhaftigkeit und Seelentiefe bewirken das Gegenteil von egoistischem Verhalten. Eine Frau, welche beginnt sich selbst ihre Wahrheit einzugestehen, beginnt ihr eigenes Energiesystem zu heilen. Die seelischen Löcher können endlich betrachtet werden. Finden sie die Beachtung welche sie brauchen, werden sie heil, Stück für Stück.

So kann sie sich immer tiefer in sich selbst versenken. Sie kann sich immer besser verstehen. Sie braucht immer weniger der zuvor benutzen Betäubungsmittel.

Je besser sie sich selbst versteht, desto besser versteht sie die Vorgänge, welche auch in anderen Menschen ähnlich ablaufen. Auch wenn zunächst viel Wut und Zorn an die Oberfläche kommen, werden diese verdrängten Gefühle

geklärt. Letztlich wird sie verständnisvoller, sanfter, liebevoller.

Freilich ist dieser Weg, nicht einfach zu beschreiten. Es ist
eine der schwierigsten Meisterschaften im Leben eines
Menschen. Manche Frau wird vielleicht sogar gerne ihr
Umfeld als Ausrede dafür benutzen, doch keine Zeit für
ihre innere Einkehr zu finden. Vielleicht sucht sie unbewusst den einen oder anderen Stolperstein, ein Hindernis,
um das Unausweichliche hinauszuzögern.
Doch eines Tages, möglicherweise nach einem Rückfall in
das altbekannte Verhaltensmuster der Betäubung und
Beschäftigung, wird ein neuer Anlauf unternommen werden. Instinktiv weiß die Frau längst, dass sie nur hier die
Erlösung finden wird, nach der ihre Seele verlangt. Wer
einmal diesen Weg beschritten hat, kann nicht mehr vergessen was dort auf Erlösung wartet.

Die Frau muss sich in Mut, Zielstrebigkeit und Ausdauer
üben. Eines Tages wird sie stark genug sein und auf die
Auszeit bestehen, die ihre Reise zu sich selbst von ihr verlangt. Dann wird sie sich nicht mehr in Diskussionen
verstricken lassen, in welchen ihr wieder einmal erklärt
wird, wie sie anders zu sein hätte oder was doch viel
wichtiger wäre. Es gibt selten etwas wirklich Wichtigeres,
als zeitweilige innere Einkehr. In einer hektischen, verdrehten Welt ist das der unbedingt notwendige Gegen-
pol.

Nach einer Weile hat sich das Umfeld gewiss daran gewöhnt. Der Partner oder die Kinder müssen lernen, dass
die Partnerin oder Mutter nicht rund um die Uhr verfüg-
bar sein kann.
Es ist Aufgabe der Frau heraus zu finden, wie viel Zeit
ihre innere Einkehr verlangt. Diese Dinge sind individuell
unterschiedlich. Während es für manche Frauen passend

ist, eine halbe Stunde täglich damit zuzubringen nur für sich zu sein, braucht manch andere Frau mehr Zeit dafür. In der Umgewöhnungsphase muss die Frau erlernen, ihre Prioritäten neu zu setzen. Sie muss ihre Seelenbedürfnisse wichtiger als bisher nehmen. Später wird sich ihre Auszeit leichter in den Alltag integrieren lassen. Das Umfeld wird die Angst vor dem Unbekannten allmählich verlieren. Es wird auch erkennen, dass die Partnerin oder Mutter tatsächlich stärker und kraftvoller geworden ist. Sie kann die Zeit, die sie nun mit ihrem Partner oder ihren Kinder verbringt viel bewusster gestalten. Beziehungen haben nun viel höhere Qualität.

Sollte sich jedoch herausstellen, dass selbst nach einiger Zeit ihre innere Einkehr noch immer unerwünscht ist, sollte sie tatsächlich die Erfahrung machen, dass andere ihre Seelenhygiene niemals zu würdigen oder zu respektieren wissen, so muss die betroffene Frau sich überlegen, ob sie in diesem seelenfeindlichen Umfeld dauerhaft tatsächlich gut aufgehoben ist.
Eine Frau nicht in ihre Tiefe ziehen zu lassen, käme einer Verbannung gleich - eine Verbannung, die wir über Jahrhunderte hinweg gesellschaftlich beobachten müssen. Frauen wurden gezwungen, auf ihr inneres Seelenwissen zu verzichten, bis sich eines Tages viele von ihnen müde und kraftlos beugten. Auch heutzutage ist es eine beliebte Methode, Frauen so lange zu beschäftigen und zu belasten, bis sie einfach zu müde sind, sich mit ihrer inneren Quelle zu befassen.
Es ist außerordentlich wichtig zu erkennen, dass äußerliche Verbote keine wirkliche Bedeutung haben, sofern sie ganz einfach nicht anerkannt werden. Diese Verbote müssen enttarnt werden. Der Glaube an sie muss ihnen entzogen werden.
Interessanterweise wirft man Frauen an genau dieser Stelle Egomanie vor. Dabei wird völlig ignoriert, dass eine

nicht erfolgte Rückkehr zum tiefen Seelenwissen, sie davon abschneidet, wirklich Mitgefühl zu haben, wirklich lieben zu können, wirklich kraftvoll auch für andere da sein zu können. Die von ihrer Quelle der Kraft abgeschnittene Frau, wird zwangsläufig immer müder und ausgelaugter.

Eine mit ihrer Seelenkraft verbundene Frau aber lässt sich nicht manipulieren. Durch ihre tiefe Verbundenheit zu ihrem Seelenselbst weiß sie auch, wonach es allen anderen Menschen in ihrem Umfeld dürstet. Sie ist nicht mehr damit beschäftigt, sich von irgendwoher Wissen zu besorgen, dessen Wahrheitsgehalt sie nicht überprüfen kann. Ihre Quelle ist der Zugang und der Umgang, sowie die Sensibilität und Achtsamkeit ihrer eigenen Seele gegenüber.

Die Seelen der Menschen sind sich in ihren Bedürfnissen ähnlich. Die meisten Krankheiten werden durch eine Entfremdung von der eigenen Seele ausgelöst.

Der feinstoffliche Körper, der auf Seelenebene gesponnen wird, und welcher auf der materiellen Ebene von den meisten Menschen nicht gesehen werden kann, ist ein hochempfindsames, sich ständig veränderndes Netzwerk. Dieses ist mit allem verbunden. Es gibt nichts, was keinen Einfluss auf den feinstofflichen Körper hätte. Doch fehlt zumeist die Sensibilität für dieses hochempfindsame Gefüge.

Wenn eine Frau sich immer wieder die Zeit nimmt, sich um das zu kümmern was angeschaut werden will, ist sie auch Beispiel für ihr Umfeld. Sie zeigt auf indirekte Weise, wie Menschen verträglicher mit ihrer Seele umgehen können. Insbesondere Kinder bekommen so ein sehr wertvolles Geschenk mit auf ihren Weg. Für sie wird es dann kaum mehr einen Grund geben, sich zu lange und zu weit von der eigenen Seele zu entfernen, auch wenn die äußeren Verlockungen mitunter laut schreien.

Wer dem Klang der Seele nie sein Ohr verweigert hat, weiß um das Trügerischen der äußeren Welt. Er weiß, dass es eines Tages an der Zeit ist, umzukehren.

Der Schatz aus der Tiefe

Ein Mensch, welcher die eigenen Tiefen auszuloten vermag und sich nicht dauerhaft davon abhalten lässt, ist gesegnet. Es braucht Mut, sich wahrhaftig und unverblümt immer wieder den eigenen, wahren Empfindungen zu stellen. Wichtig ist, sich selbst oder andere nicht für die jeweiligen Empfindungen zu verurteilen. Falls dies trotzdem geschieht ist es notwendig, dies zu entlarven, und verurteilte Empfindungen so zur Erlösung zu bringen.
Sind diese Hürden genommen, öffnet sich dieser Mensch nicht nur sich selbst, sondern unweigerlich auch den Wahrheiten um die momentanen Zustände der Welt. Die Zustände der Beziehungen der Menschen mit sich selbst und zueinander werden erkannt. Dieser Mensch begreift, dass nichts was je geschah, nichts das je geschehen wird etwas mit Schuld zu tun hat, sondern mit Entwicklung und Erfahrung im Spiel des Lebens.
Ebenso begreift er, dass er selbst kein abgetrenntes Dasein von seiner Umwelt lebt. Er erspürt die Verbundenheit, das Netzwerk, mit Hilfe dessen alle Lebewesen miteinander verwoben sind. Die Verbindung zu jedem Tier, jeder Pflanze, allem was da ist, kann so erfahren werden.

Es reicht nicht aus, sich diesen Dingen nur über einen kurzen Zeitraum hinweg zu widmen und sie dann wieder zu vergraben. Die Tiefe hat viele Schichten. Je weiter ein Mensch sich vorwagt, Schicht um Schicht durchforstet, sämtliche Bereiche des Lebens in der Tiefe betrachtet, desto umfassender wird sein Verständnis. Diese tiefen Erfahrungen schenken einen neuen Bezug, ein neues Bewusstsein zu allem, was den Menschen umgibt. Seine Sensibilität und Empfindsamkeit wächst.

Jeder Pfad der Einweihung hinterlässt tiefe, unvergessliche Spuren. Diese weitreichenden Zusammenhänge können jetzt nie mehr vergessen werden. Vielleicht bleiben sie für eine Weile unbeachtet, jedoch gehört das Erfahrene zu solch tiefem Wissen, auf das niemals mehr vergessen wird.

So wird auch klar, wie wertvoll ein Mensch für sein Umfeld wird, sobald er sich um besagte Tiefen kümmert.

Er wird nicht wie von Sinnen um sich schlagen, sobald sich in seinem Leben etwas zu offenbaren beginnt, womit er nicht gerechnet hat und was er nicht wahrhaben möchte. Er ist auch kein Pulverfass, welches ständig in Abwehr seiner Seelenwahrheit verharrt, und doch mitunter gehörig ins Schwitzen gerät. Denn das, was da unter der Oberfläche brodelt, will sich Gehör verschaffen und lässt sich immer schwerer unter Kontrolle halten.

Gelassenheit - *das Leben sein lassen können* - ist eines der vielen Geschenke, welche diese Arbeit mit sich bringt. Ein wahrlich lohnendes Geschenk, wenn man den hohen Preis der vorherigen Verleugnung erkennt.

Welch wunderbarer Ruhepol sind Menschen, die das Leben so sein lassen können, wie es ist. Doch sind sie das nicht für alle. Menschen, die sich in ihrem Selbst- und Welthass bestätigt fühlen wollen, können wenig mit ihnen anfangen, bleibt ihnen hier doch die Bestätigung für ihre eigene Weltsicht verwehrt. Doch all jenen, die sich nach Tiefe und wahrem Sein so sehr sehnen, werden innerlich begreifen und erkennen, was auch sie alles hinter sich lassen möchten.

Hier beginnt die Magie des Lebens!

Hier beginnen Geschichten und Lieder!

Es entstehen die Klänge welche von der Seele verstanden werden.
Hier werden jene Worte geboren, welche der Mensch lange entbehrte. Sie bieten wahre Nahrung – Seelennahrung!

Angepasstheit

Viele Menschen sind bestrebt, „gute" Menschen zu sein und halten sich auch dafür. In Wahrheit ist in den meisten Fällen damit gemeint, ein angepasstes Leben zu führen. Hierfür soll den gängigen gesellschaftlichen Vorstellungen entsprochen werden. Insbesondere viele Frauen sind darum bemüht, den Wünschen anderer möglichst gut zu entsprechen. Sie tragen tief in sich den Glauben möglichst gut zu funktionieren wäre gleichbedeutend damit, „gut", „wertvoll", „liebeswert" und „respektabel" zu sein. Ihr Selbstwert ist daran geknüpft inwieweit sie den gesellschaftlichen Forderungen entsprechen und dafür Lob und Zuspruch durch andere erfahren.

In Wahrheit ist genau diese Angepasstheit jedoch unglaublich schädlich! Sie richtet tiefen Schaden an. Da er aber rein äußerlich schwer erkennbar ist, erahnen viele Menschen nicht annähernd welch weitreichende Folgen dies hat!

Angepasstheit fordert den Preis, sich grundsätzlich nicht nach den Wünschen der eigenen Seele auszudrücken. Mehr noch verlangt es, die Wünsche der Seele zu ignorieren und zu leugnen. Diese Verleugnung geht so weit, dass die Wünsche der Seele nicht einmal mehr wahrgenommen werden können. Innere Abgestumpftheit, Entfremdung, wenig Sensibilität und Einfühlungsvermögen sind nur einige der vielen Folgen.

Die innerliche Unterdrückung der Seele geht unglaublich weit. So treten viele Frauen in inneren Wettstreit gegen ihre Seele als Tauschhandel für äußerliche Anerkennung und Lob. Möglichst gut zu funktionieren oder zumindest in jenen Bereichen unauffällig zu bleiben, in welchen sie nicht den gängigen Konventionen entsprechen, hat enorme Wichtigkeit. Diese Muster, heimlichen Motivationen und ungeschriebenen Verhaltensregeln werden oft gar nicht wahrgenommen. Sie wurden bereits in sehr jungen Jahren unbewusst übernommen. Daher ist es umso bedeutender all das hervorzuholen und in seine Bestandteile zu zerlegen um nachzusehen, was eine Frau in ihrem Inneren tatsächlich vorfindet.

So bedeutet Angepasstheit auch, sich über einen stark begrenzten Rahmen nicht hinauswagen zu dürfen. Innere Druckmittel sind unter anderem: Angst zu enttäuschen, nicht zu entsprechen, Angst vor Ablehnung und davor, ausgeschlossen zu werden.

Diesen Ängsten immer wieder nachzugeben, fordert einen enorm hohen Preis! Die Folge ist ein inneres Absterben, ein Erkalten! Das Seelenfeuer droht zu verlöschen. Innerlich brennt tief sitzender Selbsthass. Denn trotz all der inneren Kämpfe und Taubheit, ist die Stimme der Seele letztlich nie gänzlich zum Schweigen zu bringen. Der grausame innere Kampf bleibt bestehen. Er kann nicht gewonnen werden, gleichzeitig schwächt er enorm. Der tief empfundene Selbsthass ist zerstörerisch. Er zerfrisst die Seele und beraubt den Menschen seiner eigenen, natürlichen Seelenkraft.

Jeder Mensch trägt die Kraft der Seele in sich, doch kann sie so verdreht werden, dass sie - anstatt wundervolle, kreative und liebevolle Dinge in die Welt zu bringen - zerstörerisch wirkt.

Dies alles führt zu einer tiefen Depression. Außerdem wirkt sich solch selbstschädigendes Verhalten immer auch auf das Umfeld aus. Innere Wut wird auf das Umfeld projiziert. Der Verlust der dem Menschen natürlicherweise innewohnenden Lebensenergie, muss durch ein äußeres Zuführen von Energie kompensiert werden. Das gesamte innere System ist nicht im Gleichgewicht. Der innere Energieverlust macht Menschen zu Süchtigen. Sie verlieren sich in der Welt, weil sie dort vergeblich suchen was sie nur in sich finden können.

Nur dort wo der Krieg begann kann er auch beendet werden! Es ist an der Zeit den Kriegsschauplatz im Inneren der Menschen zu beleuchten, damit die natürliche Seelenkraft wieder zu ihrem natürlichen, ursprünglichen Ausdruck findet.

Angepasstheit hat nichts damit zu tun, ein „guter" Mensch zu sein. Sie wird aber als „normal" angesehen, denn sie scheint eine gewisse oberflächliche Sicherheit zu versprechen - wenn auch in einem eng abgesteckten Rahmen.

Anders zu sein bedeutet immer auch, sich mit inneren Ängsten vor Ausgeschlossenheit konfrontieren zu müssen. Den meisten Menschen ist nicht bewusst, welch einen enorm hohen Preis sie dafür bezahlen, sich ihrer Angst nicht zu stellen, sie zu vermeiden. Wer begreift, was er sich und anderen damit aber wirklich antut, kann nur noch der Weg durch die Angst hindurch beschreiten. Er muss sich dem Dunkel stellen, ohne genau zu wissen was ihn dort erwartet. Die Seele hat das Bedürfnis auszusteigen, zu wachsen! Sie will sich Gehör zu verschaffen und sie wird es tun, eines Tages.

Je stärker der Drang ausgeprägt ist, sich unbedingt anpassen zu wollen und ein in diesem Sinne "guter, braver Mensch" zu sein, desto schwerer hat es die Seele. Der unerkannte Selbsthass nimmt zu. Die unbewusste Verleugnung und das Missachten dessen, was in der Seele verborgen schlummert, ist ein Pulverfass! Dieses Pulverfass entlädt sich irgendwann, irgendwie. Es fragt nicht wann es gerade passend wäre. Wenn die Belastung zu viel wird, explodiert es.

Häufig erfolgt die Entladung in Form von Autoaggression. Sichtbar wird sie bei offensichtlich selbst schädigendem Verhalten. Sie ist eine Form der Selbstbestrafung. Weniger offensichtlich, aber äußerst häufig greift diese innere Aggression das eigene Immunsystem an.

Der Körper kann sich immer weniger gut regenerieren und bleibt stetig den vergiftenden Selbstangriffen ausgeliefert.

Genauso kann sich dieses Pulverfass in der Außenwelt entladen, sobald die üblichen selbst auferlegten Kontrollmechanismen versagen. Kontrollmechanismen sind scheinmoralische Instanzen, innere Kontrolleure. Sie wiederholen immer wieder die gleichen Dinge und drohen mit Angst.

Doch leben wir in einer Zeit, in welcher diese Kontrollmechanismen immer öfter versagen. Das bedeutet, dass die Welt auf dem Kopf zu stehen scheint und vieles aus den Fugen gerät. Genau genommen ist es aber umgekehrt. Was so lange im nicht sichtbaren, inneren Bereich stattfand, muss endlich sichtbar werden, um erlöst werden zu können.

Scheinmoral zum Zwecke der Angepasstheit bedeutet in Wahrheit eine Unterdrückung der wahren Natur des Menschen. Sie hat die Menschen sehr weit davon entfernt, fühlende, mit dem Herzen im Einklang lebende, in absoluter Eigenverantwortung handelnde Menschen zu sein!

Ein von seinem wahren Wesen entfremdeter Mensch hält sich selbst ständig unter Kontrolle. Er versucht auch sein gesamtes Umfeld unter derselben Kontrolle zu halten. Wenn diese Kontrollmechanismen versagen, wird manch einer zum besagten Pulverfass, welches unkontrollierbar und blind um sich schlägt. Nichts gibt es da mehr was noch Halt versprechen würde.

Die selbsternannten "guten Menschen" werden zur echten Gefahr. Sie waren bislang rein fremd gesteuert. Sie handelten nach fremden, scheinmoralischen Vorstellungen, welche sie nie hinterfragten. Angepasstheit ohne Widerspruch, entfernte die Menschen davon, etwas Echtes, Wahres zu empfinden. Angepasstheit wurde und wird verherrlicht, wider die natürlichen Empfindungen, wider dem was die Seele möchte. Angepasstheit untergräbt alle natürlichen, wahrhaften, liebevollen, emphatischen Impulse.

Sie lässt Menschen manchmal sogar die grausamsten Dinge tun, ohne diese überhaupt in Frage zu stellen, da ihnen ihr natürliches, Herz empfundenes Gespür verloren ging. Doch wir müssen dorthin, wo dieser grausame Krieg begann, um ihn in uns zu beenden!

In vielen Menschen spielt sich folgendes Szenario ab:

Eine Zerrissenheit und ein heftig tobender, innerer Kampf, in welchem die über Jahrhunderte massiv eingeforderte Anpassung gegen das wahre, natürliche Sein ankämpft. In diesem Krieg folgt Kampf auf Kampf, welcher nie sein Ende findet.

Viele Menschen erleben jetzt häufiger Kontrollverluste und totale Überforderungen. Denn dieser innere Druck nimmt stetig zu und muss sich irgendwann entladen. Das wird auch geschehen, sofern die Tiefen zuvor nicht bereits bewusst geöffnet werden.

Sich ihnen zu öffnen, wird den Frieden schaffen nach welchem sich letztlich jeder Mensch sehnt – selbst wenn es zu Beginn dieser Reise völlig anders aussehen mag.

Es ist wichtig sich diesen Dingen bewusst zu stellen, anstatt die Kellertüre noch stärker zu verriegeln.

Hilfreich kann es sein, sich Fragen zu stellen. Doch muss bei ihrer Beantwortung Wahrhaftigkeit und absolute Ehrlichkeit mit sich selbst an oberster Stelle stehen.

Einige Fragen an dich selbst:

In welchen Bereichen deines Lebens bist du selbst noch angepasst, um Angst zu vermeiden?

Wo traust du dich nicht zu sein wer du wirklich bist, zu zeigen oder auszusprechen was du wirklich fühlst und denkst?

Gibt es Situationen in welchen du ein Spiel mitspielst, in dem du anderen vorgaukelst zu sein, wie du gar nicht wirklich bist?

In welchen Situationen traust du dich (noch) nicht deine Wahrheit zu sprechen, womöglich, weil du dich und andere vor einer

*grauenhaften Wahrheit schützen willst: Der Wahrheit des eige-
nen Seelenverrates?*
*Wer jedoch hat etwas davon, wenn die Wahrheit noch länger
verleugnet bleibt und du nicht sein kannst wer du bist?*
Wer bezahlt den hohen Preis deines Selbstverrates?

Wenn Schicht um Schicht abgetragen werden kann, ent-
steht etwas Neues. Hinter all dem liegt Freiheit!
Freiheit, Wachstum und Größe befinden sich jenseits von
Angepasstheit, jenseits jeder Scheinmoral, jenseits eines
Vorgaukelns von Unwahrheit, um sich selbst und andere
zu täuschen und zu betrügen.

Es wird Zeit deine innere, tiefe Wahrheit anzuerkennen -
in jedem einzelnen Bereich, zu jeder einzelnen Stunde!
Deine endlich ausgesprochene Wahrheit wird dich wieder in Kontakt mit deinem Herzenswissen bringen. Du
wirst erkennen, dass sich die Welt nicht davor zu fürchten
braucht, wenn Menschen sind, wie sie wirklich sind -
wahrhaftig und unverhüllt. Sie sind nicht wirklich gefährlich, wohl aber sehr direkt und daher oft unbequem.
Wirklich gefährlich sind jene unzähligen Pulverfässer, die
jeden Tag hochgehen könnten, sobald deren Kontrollmechanismen versagen.

Die Angepassten werden jene bekämpfen, die ihnen so
klar ihren Spiegel vorhalten. Sie werden ihrem eigenen
Selbstbetrug nicht ins Auge sehen wollen. Sie werden mit
Zähnen und Klauen kämpfen, da sie glauben, so ihrem
eigenen Grauen zu entkommen.
Doch gibt es auch für sie kein dauerhaftes Entrinnen vor
der Wahrheit. Niemandem bleibt es erspart, sich dem zu
stellen. Jeder Mensch wird ihn eines Tages öffnen müssen
- den eigenen Keller - um sich den <Inneren Dämonen>
zu stellen. Sie weisen den Menschen auf Gräueltaten,

Hass, Betrug und auf alle Schandtaten hin, welche hinter verriegelten Türen vor sich hin modern.

Die Frauen dieser Zeit werden sich von dem Bild einer lieben, angepassten, stets hilfsbereiten, sich um alles kümmernden Partnerin oder Mutter, welches sie unhinterfragt übernommen haben, verabschieden müssen. Sie werden beginnen müssen die Rolle zu erkennen, in die sie sich haben hineinzwängen lassen. Sie werden beginnen müssen, sich in vielen Bereichen zu verweigern. Wer damit beschäftigt ist Rollenbilder zu erfüllen, verrät sich selbst und gleichzeitig auch alle anderen.

Frauen, wie auch Männer, müssen sich darin üben, mehr in Frage zu stellen. Sie müssen wieder mit ihrer Wahrheit in Kontakt kommen. Sie müssen damit beginnen, den Kontakt mit der eigenen Seele wieder herzustellen und zu pflegen. Sie müssen mit ihr Rücksprache halten, um so dem eigenen, empfindsamen Wesen, welches in ihnen lebt, wieder den Raum zu geben den es braucht.

Letztlich profitiert niemand von ausgelaugten Müttern oder Vätern, welche ruhelos sich in der äußeren Welt nach Ersatzbefriedigungen umsehen müssen. Niemand profitiert von völlig überarbeiteten Männern und Frauen, welche nur noch dafür leben mehr oder weniger viel Geld nach Hause zu bringen, sich dabei aber selbst immer fremder werden.

Männer wie Frauen haben viele Jahre damit zugebracht zu funktionieren anstatt zu leben. Doch irgendwann kommt ein Tag, an dem nichts mehr geht. Vielleicht bricht der Körper zusammen, oder die Überlastung wird so groß, dass Mann oder Frau sich mit den Gedanken von Flucht zu befassen beginnt.

Ob es zum Äußersten kommen muss, oder ob schon vorher eine Umkehr eingeleitet wird, ist individuell unterschiedlich. Doch nun beginnt was nie abwendbar war: In die Tiefen hinabzutauchen, um zu entdecken was dort entdeckt werden muss und nur dort gefunden werden kann!

Der Pfad der Einweihung

Wie es nicht vermeidbar war, dass Eltern dem einstigen Kind gewisse Beschränkungen in seiner Entfaltung auferlegten, so war es bisher ebenso unausweichlich, dass Frauen zu einem frühen Zeitpunkt ihres Lebens dazu veranlasst wurden, sich an gängige, momentan vorherrschende Normen anzupassen.

An einem bestimmten Punkt ihres Lebens mussten sie sich dem äußeren Druck beugen. Sie wurden so gezwungen, ihre wahre weibliche Kraft zu verleugnen und in kaum mehr zugängliche Tiefen zurückzudrängen. Dies ist bereits Teil des Einweihungsprozesses. Obwohl dies merkwürdig erscheinen mag, gehört das zur Lebenserfahrung eines Menschen dazu. Nur so können die nun folgenden, notwendigen Schritte getan werden.

Die Schritte, welche eines Tages getan werden müssen bestehen darin, sich Stück um Stück aus jenen Mustern der Angepasstheit zu befreien.

Eine Frau muss sich Schritt um Schritt hinauswagen und sich jenen Ängsten stellen, die als offene oder verborgene Drohungen ihre bisherigen Grenzen bestimmten. Es ist eine Gnade diesen Weg der Befreiung zu gehen, da er viele ungeahnte Schätze mit sich bringt, welche ansonsten niemals geborgen werden könnten.

Tut eine Frau nun einen Befreiungsschritt nach dem anderen, so wird sie stärker und kraftvoller.

Doch hier ist ihr Weg nicht zu Ende. Es wird sich eine neuerliche Angst zeigen. Ihre neu gewonnene Freiheit trägt etwas im Gepäck womit eine Frau sich konfrontiert sehen wird:

Die Angst vor der Freiheit!

Wonach soll sie sich richten, wenn alle bisherigen Normen zerbrochen sind?

An dieser Stelle lauert Unsicherheit. Hier lauert die Gefahr, sich unbewusst neue Grenzen zu suchen. So ist sie während dieser Phase möglicherweise versucht, einen neuen Guru zu finden, welcher bereitwillig für sie die Rolle dessen übernimmt, ihr zu sagen was sie nun zu tun hätte. Neue, andere Grenzen werden gesetzt. Doch jeder, der sich und seinen Anhängern vorgaukelt Entscheidungen für diese treffen zu können, muss früher oder später enttäuschen! Das ist Teil seiner Aufgabe. Eines Tages muss er den Weg frei geben, denn hier kann der Weg nicht enden.

Noch ist die Frau nicht im Vollbesitz ihrer inneren Kräfte, obgleich sie sich gewiss bereits stärker fühlt. Doch jetzt muss sie noch tiefer vordringen.

Sie muss noch tiefer gelangen und ihre eigene Führung kennen und schätzen lernen. Sie muss etwas lernen, das häufig mit dem <Navigieren durchs Dunkel> beschrieben wird. Einzig geführt von ihrem inneren, intuitiven Wissen, welches ihr die Richtung weist, obgleich sie nicht weit voraus sehen kann. So muss sie sich Schritt um Schritt voran wagen.

So entwickelt die Frau Vertrauen in sich, in ihren eigenen individuellen Weg wie auch in ihre innere Führung. Auf diese Weise lernt sie, eine neue Art sich selbst zu erkennen, eine neue Art das Leben zu begreifen, jenseits von vorausschauendem Planen und Handeln, weit entfernt von den üblichen gesellschaftlichen Vorstellungen. Erst mit diesen überaus wertvollen Erfahrungen, eignet sie sich das Wissen an, welches sie braucht, um ihr Leben vertrauensvoll nach ihrem ureigenen, inneren Plan zu führen, selbstverantwortlich und unabhängig.

Den Weg durch das Dunkel wird sie völlig auf sich allein gestellt gehen müssen. Doch trägt sie ein so enorm wichtiges Werkzeug in sich: Ihre Intuition.

Auf ihrem Weg wird sie sich über die Kraft dessen bewusst, was sie da in sich trägt und wie wertvoll dieses Geschenk ist.

Hat sie diesen Pfad gemeistert, ist sie kraftvoll und selbstbewusst wie nie zuvor. Sie wird diesen Weg zu ehren wissen, denn sie weiß welch großes Geschenk ihr offenbart wurde. Jetzt erkennt sie, dass das Beschreiten dieses Pfades das ist, was ihr so viele neue Möglichkeiten offenbart.

Doch sich mit dieser innewohnenden Tiefe auseinander zu setzen, ist keineswegs leicht. Dieses wissende Wesen, welches auch als <Weise Alte> bezeichnet wird, ist nicht einfach zu behandeln. Dieses Wesen verlangt viel.

Es hasst Angepasstheit, denn es weiß um den Betrug. Die <Weise Alte> kann nicht belogen oder betrogen werden. Sie durchschaut jede Maske.

Sie verlangt von einer Frau ihre Konsequenzen zu ziehen. Das ist weder einfach noch angenehm. Doch will sich eine Frau mit sich selbst aussöhnen und ihre ureigene Kraft zurück erobern, muss sie sich mit der <Weisen Alten> auseinandersetzen.

Hat sie gelernt mit ihr umzugehen, so hat sie etwas für sich erobert, das ungemein wertvoll ist, um dieses Leben zu begreifen. Verbunden mit der Kraft der <Weisen Alten> lernt sie, alles zu durchleuchten und die wahre Beschaffenheit der Dinge zu entlarven. So lernt sie, völlig klar zu unterscheiden. Sie kann Nützliches von Unnützem trennen.

Doch braucht ihre kristallklare Intuition immer wieder Nahrung. Um sie zu nähren ist es nötig, ihrer Wahrnehmung zu vertrauen und immer wieder die notwendigen Konsequenzen zu ziehen. Sie darf sich nicht wieder auf das Spiel um Lug und Trug einlassen, weil es zunächst einfacher erscheint. Konsequenzen zu ziehen, der klaren Sprache der Seelenkraft in der Tiefe zu lauschen und auf dieses Wissen entsprechende Antwort zu geben, sind die Forderungen der <Weisen Alten>.

Wahre Kraft

Frauen werden den gängigen Vorstellungen nach dann als stark bezeichnet, wenn sie möglichst viel zu leisten im Stande sind. Sie gelten als kraftvoll, wenn sie so gut wie möglich funktionieren und alle, ihnen auferlegten Pflichten möglichst den Erwartungen entsprechend erledigen. Wahre Kraft hingegen hat damit nichts zu tun! Sie misst sich keineswegs an der Höhe der Belastbarkeit.

Wahre Kraft kann sich erst entfalten, wenn eine Frau mutig wird und sich zeigt, wie sie wirklich ist. Sie wird umso kraftvoller, je mehr sie den Mut aufbringt, allen unnötigen Ballast, alles was nur dazu dient die Dinge unter Kontrolle zu behalten, weg brechen zu lassen.
Sie muss damit beginnen sich zu verweigern und „nein" zu sagen. Doch müssen zuerst die Bereiche entlarvt werden, in welchen eine Verweigerung tatsächlich notwendig wird. Blinde Verweigerung hilft nicht viel und betrifft häufig Bereiche, die nur im ersten Moment als „zu viel" erscheinen.
Kontrollmechanismen sind meist gut getarnt und verborgen in der Psyche eines Menschen. Um sie überhaupt zu finden muss dem Leben auf eine andere Art begegnet werden. Das Ziel aller Kontrollmechanismen – gleichgültig ob sie nun offenkundig oder verborgen sind – ist dem Leben nicht seinen natürlichen Lauf zuzugestehen. Alle Mechanismen, mit Hilfe derer das Leben in fixen, kontrollierbar geglaubten Bahnen gehalten werden soll, schwächen die wahre ursprüngliche Kraft.
Die wahre echte Kraft des Seins kann sich erst entfalten und ihr Gesicht zeigen, sobald eine Verschmelzung mit dem Leben selbst erfolgt ist. Dafür ist es nötig, Vertrauen zu entwickeln.

Das gängige Weltbild der westlichen Kultur hat keinerlei Verständnis oder Respekt für den natürlichen Lauf des Lebens. Diese Grundproblematik untergräbt jedes Vertrauen in das Leben selbst. So beginnt in frühester Kindheit bereits eine Gewöhnung an den Kampf gegen das Leben selbst.

Doch die weibliche Kraft weiß um den natürlichen Verlauf des Lebens.
Eine ihrer grundlegenden Eigenschaften ist Hingabe. Hingabe beginnt in jedem Augenblick des Lebens. Hingabe bedeutet das Aufgeben von Kontrolle.
Die weibliche Kraft liebt es, sich dem Fluss des Lebens anzuvertrauen, mit ihm zu fließen und neugierig zu betrachten, was es bringen möchte. Sie versteht das Leben als Entdeckungsreise.
Hingabe bedeutet die Zyklen des Lebens zu achten. Das Leben bleibt nie stetig gleich. Es liegt in seiner Natur sich fortwährend zu verändern, so wie uns unter anderem die Jahreszeiten, der Mondzyklus und die Gezeiten immerfort daran erinnern möchten.
So gilt es die Höhen genauso wie die Tiefen anzunehmen, die schönen genussvollen Zeiten auszukosten, wie sich den schmerzhaften Zeiten in Hingabe zu widmen. Hingabe an das Leben selbst meint, es in all seinen Facetten anzunehmen die es zu bieten hat.
Dort wohnen Lebenslust, Neugier, aber auch wahre, tiefe Kraft, verbunden mit etwas so Kraftvollem, aus dem der Mensch nie versiegende Lebensenergie schöpfen kann.

Der Pfad der Einweihung

Für die Befreiung ihrer weiblichen Kraft ist jede Frau selbst zuständig!

Alle Aspekte und antrainierten Verhaltensmuster, die dich und deine Kraft binden und anketten, musst du selbst hinter dir lassen!

Für die Befreiung deiner Kraft musst du zudem erkennen und annehmen, welche Gaben du in diese Welt mitbringst. Deine Kraft will und muss sich durch dich ausdrücken dürfen, um sich voll entfalten zu können. Sie kann und darf nicht weggesperrt werden.

Zu Beginn muss jener Pfad beschritten werden, die wahre Kraft überhaupt zu entdecken. Dafür muss sie von altem Schmutz und Staub befreit werden. Hierfür braucht es Mut. Das Gewohnte muss verlassen werden.

Neuerlich wächst ihre Kraft, sobald eine Frau die Schritte wagt, sich und ihre Gaben in die Welt zu bringen. Schließlich geschieht etwas Magisches, eine Verschmelzung:

Das Beschenken der Welt wird gleichzeitig zu einem freudvollen Schöpfen aus der ureigenen Kraftquelle.

So kann dem Leben neu begegnet werden!

Auf dem weiteren Verlauf dieses Pfades wird sie lernen mit ihrer Kraft bewusst umzugehen. Sie muss erfahren, wann wofür die richtige Zeit ist. Es ist wichtig zu beachten, wann es Zeit ist, um kreativ zu sein, nach außen zu gehen, oder zu ruhen, nur für sich zu sein und ihrer Stille zu lauschen.

Stille und Einkehr sind lebensnotwenig! Hier erfährt eine Frau was sie selbst braucht, damit sie mit und in ihrer Kraft sein und bleiben kann.

Alles andere wird seinen Sinn verlieren, denn ihre Kraft dient ihr dazu, dass alles was sie gibt und schenkt sich wie von Zauberhand vermehrt. Dies bereichert sie selbst wie auch die Welt und schenkt wirklich tiefes Glück.

Voraussetzung ist, eine Frau kennt, achtet und respektiert die jeweiligen inneren und äußeren Energiezustände zu jedem Zeitpunkt ihres Lebens. Sie handelt weder aus Kontrollzwang noch aus Angstvermeidung!

Der menschliche Körper unterliegt immer gewissen Energiezuständen. Würde eine Frau fortwährend gegen sie handeln, würde sie ihr inneres Wesen schwächen. Genauso unterliegt die äußere Welt unterschiedlichen Energiezuständen. Diese müssen respektiert werden.

Die Dinge zu einem ungünstigen Zeitpunkt in Bewegung zu setzen wäre gleichbedeutend damit, gegen den natürlichen Fluss zu schwimmen. Das ist anstrengend, Kräfte zehrend und führt zu wenig sinnvollen Ergebnissen. Sich schrecklich anzustrengen bringt kaum jemals nennenswerten Erfolg, obgleich dieser Glaube einen weit verbreiteten Mythos darstellt.

Der momentane Energiezustand des Körpers einer mit sich selbst verbundenen Frau, gibt ihr immer Aufschluss über die Energiezustände der äußeren Welt. Ihr Körper ist ein wichtiges, hochsensibles wie empfängliches Medium. Somit weiß sie genau, wann es überhaupt keinen Sinn macht, sich unnötig zu verausgaben. Dann wird sie sich lieber genüsslich zurückziehen. Ebenso weiß sie, wann der Zeitpunkt gekommen ist, Grenzen zu sprengen, sich zu zeigen und vereint mit ihren männlichen Seelenanteilen, die notwendigen Schritte zu unternehmen.

Sie handelt, wenn es auch sie selbst bereichert, weil und während sie es tut!

Ahnen

Eine Frau, welche sich mit ihrem ureigenen Wissen verbindet, kommt nicht daran vorbei sich mit ihren Vorfahren zu verbünden.

Ahnen bedeuten Wurzeln. Ein Mensch, welcher mit seinen Wurzeln verbunden ist, steht stark und selbst bestimmt im Leben. Die bewusste Zuwendung und Anerkennung des eigenen Erbes, der Respekt für das Leben welches die Vorfahren führten, verschafft der Frau Unterstützung und Stärke bei den Dingen, welche sie in diese Welt bringen will.

Die Abkehr von den eigenen Vorfahren, sowie die Verurteilung so mancher Lebensgeschichte bedeuten, sich von den eigenen Wurzeln zu trennen. Die natürlicherweise stark unterstützend wirkende Kraft durch die Vorfahren, wird abgetrennt. Dies bedeutet eine Entfremdung von der Natur des Menschen sowie vom Leben selbst.

Bei vielen heute lebenden Menschen hat es Tradition, sich von der Art und Weise wie andere Menschen ihr Leben zubringen zu distanzieren. Es gibt unzählige, oftmals rein oberflächliche Gründe, andere Menschen abzuwehren und abzuwerten. An anderen Stellen findet ein anderes Extrem seinen Ausdruck. Schönrederei und Glorifizierung sind ebenfalls beobachtbare Grundhaltungen, den dazu auserkorenen Personen gegenüber. Sie werden aus irgendeinem Grund idealisiert und für „besser" befunden.

Viele Menschen scheinen dem Irrglauben verfallen zu sein, sich allgemein Anerkennung verschaffen zu können, wenn sie eine bestimmte Position zur Schau stellen. Dies geschieht entweder durch offen bekundete Abwehr und Distanzierung, oder durch Idealisierung und Lobhudelei.

Ein respektvoller Umgang der Menschen untereinander, ein Wertschätzen von Verschiedenheit, welche durchaus auch als Bereicherung verstanden werden könnte, wird in den Hintergrund gedrängt.

Diese grundsätzliche Haltung wird zwangsläufig auch auf die Ahnen übertragen. Glorifizierungen auf der einen Seite und Distanzierung auf der anderen Seite, bedeuten immer Trennung. Es wurde zu einem ungeschriebenen Gesetz erklärt, dass ein Mensch sich für eine Seite zu entscheiden hätte. So ist auch hier vieles schon zur Normalität geworden.

Familienzwiste liegen nicht selten bereits mehrere Generationen weit zurück. Die heutigen Nachfahren wissen oft nicht mehr so genau, weshalb sie mit manchen Familienangehörigen in Unfrieden leben.

Die jeweiligen Gründe hierfür mögen unterschiedlich sein. Gewiss spielen unrühmliche, aus heutiger Sicht moralisch schwierige Lebensentscheidungen, welche einst von einigen Ahnen getroffen wurden, eine mitunter bedeutende Rolle. So gab es immer schon Außenseiter oder Verstoßene, welche sich den gängigen Vorstellungen ihrer Zeit nicht anpassen wollten oder konnten.

Diese teilweise uralten Zwiste und Trennungen müssen bereinigt werden, damit die Wurzeln den lebenden Menschen wieder die Kraft und Stärke, sowie Rückhalt für ein selbst bestimmtes Leben bieten können.

Dies führt zu einer Entspannung des gesamten familiären Umfeldes. Diese Wurzeln streben ohnehin danach, von altem Ballast befreit zu werden.

Jeder Mensch trägt das Erbe seiner Vorfahren in sich. Jede Ahnenreihe ist mit gewissen Mustern, Verstrickungen und Problemen belastet. Jeder Erbe trägt diese Muster ebenfalls in sich, wenn auch nicht jedes Muster in jedem einzelnen Nachfahren gleich stark zum Ausdruck kommt. Nicht selten überspringen manche Ausprägungen eine Generation. Doch in allen Ahnenreihen wiederholen sich immer wieder ähnliche Probleme. Mutter-Tochter Konflikte, Vater-Sohn Probleme, Mann-Frau Probleme, uneheliche Kinder und die damit verbundenen Herausforderungen, gewaltsame Übergriffe, Süchte und Krankheiten sind einige der vielen, sich wiederholenden Muster. Dabei handelt es sich durchaus auch um kollektive Probleme und Blockaden, welche in dieser Zeit nun zur Erlösung kommen.

Einige dieser oft weit zurück liegenden kollektiven Themen, kamen in den vorangegangenen Kapiteln bereits zur Sprache. Zudem ist es wichtig, bewusst eine Verbindung zu den eigenen Ahnen herzustellen.

In indigenen Volksstämmen wird die Wichtigkeit der Ahnen entsprechend gewürdigt. Seit jeher wurde altes Wissen von einer Generation an die nächste weiter gegeben. Es wird dort wie ein Schatz gehütet.

Das Wissen um Bedeutung und Wichtigkeit essentieller Lebenszusammenhänge ging in westlichen Gesellschaften bereits vor etlichen Generationen weitgehend verloren. Es wird kaum noch eine traditionelle Form der Weitergabe uralten Wissens gepflegt. Ältere Menschen werden bezeichnenderweise in westlichen Gesellschaften kaum gewürdigt. Sie werden eher entmündigt, als dass man ihnen zuhören würde. Es werden kaum noch Geschichten erzählt, welche ursprünglich dem Zwecke dienten, das Leben und seine Mysterien symbolhaft zu erklären. Es werden nur noch wenige Lieder gesungen, welche einen Menschen an seine wahre Herkunft, seine Seelenheimat erinnern.

Nur so lässt sich erklären, wie sich westlich orientierte Menschen so weit von ihrem inneren Urwissen entfernen konnten.

Doch obwohl dieses Wissen für viele Menschen nicht mehr direkt zugänglich ist, ging es dennoch nicht völlig verloren. Auch wenn darüber kaum noch gesprochen wird, ist es dennoch vorhanden und drängt darauf, wieder entdeckt zu werden. Es ist dringend an der Zeit, es wieder hervor zu holen.

Eine Brücke zu diesem Wissen, kann unter anderem in der Klärung der Beziehung zu den Ahnen entstehen.

Es ist an der Zeit unserer Ahnenlinien unter anderem von jenen blockierten Energien zu befreien, welche diese daran hinderten, dieses tiefe Wissen zu erneuern, zu pflegen und weiter zu geben.

Es ist grundsätzlich notwendig anzuerkennen, dass das Leben unserer Vorfahren genau so gelebt wurde, wie es zu ihrer speziellen Zeit sein sollte. Im ewigen Tanz des Lebens, in seiner steten Veränderung, hat alles seinen Platz.

Wir heute lebenden Menschen sind dabei, ein neues Kapitel aufzuschlagen. Es ist absolut notwendig die Strukturen zu erlösen, welche dem nötigem Respekt für das was einst war im Wege stehen. Geschieht dies mit Bewusstheit und Absicht, so kann viel in Bewegung gebracht werden.

Bereits unsere Ahnen kämpften mit ähnlichen Herausforderungen, wie sie heute in den Leben so vieler Menschen wiederholt auftauchen - Muster von fehlender Anerkennung, Abhängigkeiten, Ausgrenzungen, wirtschaftliche Probleme, Unterdrückung, Kämpfe um Dominanzen, Macht und Kontrolle und noch vieles mehr, zeigen sich heute in einer enormen Dichte. All diese Probleme sind keine Erfindungen dieser Zeit, obgleich die veränderten Rahmenbedingungen sich auf die Art der Ausprägung auswirken. Die heute lebenden Menschen sind großteils Symptomträger sehr alter Strukturen.

Es ist wichtig, sich mit den eigenen Ahnengeschichten zu befassen. So erlösen wir uns vom Weitertragen einer blockierten Lebenskraft. Auf diese Weise wird gleichzeitig auch das gesamte menschliche Kollektiv schrittweise von Altlasten befreit und gereinigt.

Während sich manche Ahnengeschichte weit zurück verfolgt lässt, fehlen in manchen Linien Aufzeichnungen darüber, was einst geschah. Zahlreiche Kriege der Vergangenheit haben Familien auseinander gerissen, Menschen starben oder verschwanden. Andere Familien konnten nicht mehr in ihre Heimat zurückkehren. Sie wurden so ihrer Wurzeln beraubt.
Doch brachten Kriege auch andere Arten von Trennungen mit sich. So wurden einige Familienmitglieder möglicherweise ob ihrer politischen oder religiösen Gesinnung bekämpft, verleugnet oder totgeschwiegen.
Ähnlich erging es Außenseitern der Gesellschaft oder jenen, die sich nach den gängigen, moralischen Vorstellungen etwas haben zuschulden kommen lassen. Diese zumeist lang zurück liegende Ablehnung Angehöriger, wirkt sich auf die Verwurzelung der heute lebenden Menschen aus. Jedem einzelnen Vorfahr und der Art, wie dieser sein Leben zubrachte, muss Respekt entgegen gebracht werden!

Der Pfad der Einweihung

Frauen, welche sich ihrem Urwissen annähern wollen sind aufgefordert dazu beizutragen, blockierte Energien in ihren Ahnenlinien bewusst in Bewegung zu bringen. So werden sie auch ihre weibliche Kraft von blockierenden Energien befreien.
Es ist ihre Aufgabe ihre Ahnen für deren individuellen Lebensweg zu ehren und zu respektieren.
Diese Arbeit ist für Frauen auf ihrem Weg zu kraftvoller Weiblichkeit von unschätzbarem, unersetzlichen Wert.

Sobald eine Frau die tiefe Verbindung zu erfühlen beginnt spürt sie, dass ihre Ahnen noch immer um sie sind. Sie muss ihren bisherigen Zugang zu ihnen verändern, sofern sie selbst mit Problemen wie zum Beispiel Ablehnung und Kraftlosigkeit konfrontiert ist.

Sie muss ihren Vorfahren mit Respekt, wie auch mit klarer Unterscheidungskraft begegnen. Eine Frau muss die Fähigkeit entwickeln zu erkennen, welche Muster sie bislang stellvertretend für ihre Ahnen mit sich trug. Dies ist maßgeblicher Auslöser, wenn sie sich in gewissen, ihrer Seele nicht zuträglichen Lebenssituationen wieder findet.

Mit ihrem Respekt und ihrer erforderlichen Klärungsarbeit kommt sie in die Lage, eine nie geahnte Unterstützung für ihren Weg zu erfahren. Sie erfährt um das Wissen, welches auch ihre Ahnen in sich trugen, selbst wenn diese es im Laufe ihrer Lebensgeschichte nie zum Ausdruck brachten.

Nach erfolgter Klärungsarbeit kann eine Frau sich klar werden, was ihre tatsächliche Lebensaufgabe ist. Zuvor war ihr Leben stark beeinflusst und bestimmt von unbeachteten, uralten Mustern. Diese wirkten sich immer wieder prägend und störend aus. Der klare Ausdruck der Seele und ihre Intuition wurden stark beeinträchtigt. Doch jetzt wird der Weg frei und der Blick klarer.

Mit Hilfe dieser Klärungsarbeit kann sie eine tiefere Geborgenheit, ein Vertrauen und noch tieferes Wissen um das Leben selbst freilegen.

Segen

Gesegnet seien die Tränen unserer Ahnen,
vergossen in harter, längst vergangener Zeit.
Gesegnet sei das Lachen deiner Seele,
die sich nun reckt, streckt, dehnt,
von alten Schatten wird befreit.
Gesegnet sei der Wind,
der die alte Schwere aufwirbelt.
Gesegnet sei unsre neu gewonnene Sicht,
uns erkennen lässt den alten Krieg,
welcher schon so lange währt.
Auf dass er zur Erlösung findet,
jetzt, hier, durch dich und mich.
Entlarvt wird der einstige, noch immer währende Tausch
der Freiheit und des Glücks gegen Masken und Rollen.
Gefängnismauern daraus erbaut, blieben lange unerkannt,
dick, undurchsichtig.
Die Welt verkam zu mehr Schein als Sein.
Gesegnet sei die Erde,
unsere Mutter, die uns gebar, uns Leben schenkt und nährt.
Gesegnet seien Sturmwind und Flut,
das Alte aufgewirbelt, das Chaos wird offenbart:
Die Krankheit unsrer Zivilisation,
welche fernab unsrer Blicke moderte.
Eine nie heil werdende, vor sich hin eiternde Wunde.
Gesegnet sei die Frische des Wassers,
welches reinigt und erneuert.
Spült den alten Staub hinfort.
Gesegnet sei der Seele Klang!
Mit seinem leisen Gesang er uns erinnert, sanft nährt,
erweckt, aus dem Schlafe des Vergessens.
Der sanfte aber bestimmte Klang uns erwachen lässt.
So erinnern wir was einst vergessen.
Wichtig wird wieder Sein, unnütz der Schein!
Gesegnet sei die Reise dieses Lebens!

Die Vertreibung kraftvoller Weiblichkeit

Die Ahnenreihen enden nicht dort, wo Aufzeichnungen über Vorfahren enden. Die Ahnenreihen reichen Jahrhunderte weit zurück.
Das bedeutet auch, dass sich Muster aus längst vergangenen Zeiten noch immer in den Zellerinnerungen der heute lebenden Menschen befinden. Insbesondere die Unterdrückung der weiblichen Kraft hat sehr alte Tradition.

Neben der Vertreibung und bewussten Entwurzelung vieler indigener Völker, markierten Verfolgungen und Verbrennungen von Hexen, einen Höhepunkt in der Geschichte der Vertreibung und Unterdrückung der weiblichen Urnatur.
Bis zum heutigen Tag hat dies seine Spuren hinterlassen. Hexen werden heute häufig nur als „böse" angesehen und oft ausschließlich mit schwarzmagischen Ritualen in Zusammenhang gebracht.
Obgleich es diese Formen auch gab und gibt, ist mit dem Begriff „Hexe" etwas Anderes gemeint. Eine Hexe ist eine Frau, welche sich ihrer wahren weiblichen Kraft bewusst ist und diese auch zum Ausdruck bringt. Es gab auch einige Männer, die das Leben einer Hexe führten. Doch waren vorrangig Frauen die Trägerinnen des intuitiven Wissens um das Leben selbst. Einst lebten viele Frauen stark verbunden mit der Natur. Sie wussten um die wahre Beschaffenheit des Lebens. Sie wussten, dass die Welt nicht so beschaffen ist, wie ihre physischen Augen sie wahrnahmen. Sie besaßen die Fähigkeit hinter den Vorhang zu blicken, hinter den Schein der materiellen Welt. Sie konnten sich in der Anderswelt genauso bewegen wie in der sichtbaren Welt. Sie waren verbunden mit allem, so auch mit ihren längst der sichtbaren Welt entschwunde-

nen Ahnen. Sie wussten wann es Zeit für sie war, sich welchen Dingen zu widmen. Sie waren stark und unabhängig. Sie blieben stets verbunden mit ihrem Urquell, jener intuitiven Kraft, welche in ihrer Tiefe wohnte. Sie wussten auch, was sie tun mussten, damit ihre Quelle rein und stark blieb. Das erklärt auch, weshalb sich viele Frauen selbst in Zeiten von Hexenverbrennungen und unter Folterungen, nicht von ihrem wahren Wesen trennen konnten und wollten.

Das tatsächliche Leben einer am Scheiterhaufen verbrannten Hexe hatte wenig mit den Anschuldigungen zu tun, deretwegen sie zu Tode gebracht wurde.

Diese grauenhaften Maßnahmen verfehlten ihre Wirkung nicht. Bis zum heutigen Tage ist überall ersichtlich, wie wenig dieses alte Urwissen gelebt wird. Groß scheint die unbewusste Furcht vieler Frauen, sich dem zu nähern, was ihren Ahninnen einst so viel Leid eingebracht hatte.

Es ist beinahe erschütternd, wie wenig die meisten heute lebenden Menschen über all das bescheid wissen. Dieses uralte Wissen findet in der öffentlichen Meinungsmache überhaupt keinen Platz – im Gegenteil!

Trotzdem keimt dieses alte Wissen bereits unter der Oberfläche. Es sucht sich seinen Weg zurück in die Wahrnehmung der Menschen. Doch noch wird auf das, was dort nach oben drängt, unterbindend reagiert. Das geschieht sowohl im inneren Seelengefüge vieler Frauen und Männer, als auch in der äußeren Welt, wo versucht wird Druck auszuüben.

Eine momentan beliebte Methode ist es, dieses Wissen ins Lächerliche zu ziehen, es für unwissenschaftlich oder für Humbug zu erklären. Doch steht dem ganz klar entgegen, was bereits viele Menschen in sich erfühlen können.

Obgleich die rein kognitiv gesteuerte Welt der Kontrollzwänge noch glaubt ohne dieses tiefe Empfinden auszukommen, kann sie auf viel zu viele Herausforderungen und Fragen des heutigen Lebens keine wirklich sinnvollen Antworten geben.

All jene, die sich ihrer wahren Natur wieder annähern, sich mit ihr anfreunden und beschäftigen, ihr Zeit und Hingabe widmen, können sie spüren:
Diese unglaublich starke, unbändige Kraft, die es dort zu entfesseln gibt - Wahre Lebenskraft und echte Kreativität, welche tatsächlich Wunder bewirken kann.
Scheinbar aus dem Nichts werden so Ideen geboren, die diese Welt noch nicht kennt und nicht einmal für möglich hält.
Depressionen und andere Erkrankungen können gelindert werden. Eines Tages werden sie komplett verschwinden - sobald der ständige Energieverlust, ob der immer wieder im Nichts endenden Kraftaufwendungen, endlich zum Erliegen kommt. Es ist unglaublich heilsam und von Innen heraus erneuernd und kräftigend, sobald ein neuer Zugang zur eigenen inneren Kraftquelle gefunden wird.

Völlig versiegen kann und konnte dieser Quell ohnehin nie. Er wurde nur vergessen gemacht.
Die Angst einflößenden Drohungen längst vergangener Tage schwingen noch immer in unseren Zellerinnerungen mit. Das macht es leichter, den Verstand mit allerlei anderen, angeblich wichtigen Dingen abzulenken und mit neuerlichen Denkvorgaben zu füttern.
Unsere Ahnen müssen von uralten Ängsten vor Verfolgung und Strafandrohungen, vor Verboten, öffentlichen Demütigungen und Tötungen erlöst werden.
Was der wahren Natur des Menschen entspricht, kann nicht dauerhaft unterdrückt bleiben. Jene, so lange Zeit unterdrückten Aspekte, fordern ihren, ihnen zustehenden Raum ein.

An diesem Wendepunkt befinden wir uns seit einiger Zeit. Doch so schnell vollzieht sich der Wandel nicht.

Es gilt mit Bedacht vorzugehen. Vorerst muss das eigene innere Seelenfeuer gereinigt, neu entfacht und genährt werden, bevor es in die Welt hinaus getragen werden kann. Innere Stärke und Kraft müssen erst wieder gewonnen werden. Frauen müssen wieder Vertrauen gewinnen und vorrangig in sich selbst erstarken.

So dauert es eine Weile, bis Frauen es wagen können sich schließlich öffentlich zu zeigen. Doch wird der Tag kommen, an welchem sie sich wieder in ihrer ganzen Kraft zeigen werden. Dafür braucht es Zeit, aber vor allem auch Mut.

Die Frau muss in sich erspüren, wann es für sie an der Zeit ist, entsprechende Schritte zu tun. Sie muss erfühlen wann es klüger ist sich noch still zu verhalten, um nur für sich, hinter verschlossenen Türen, ihr wahres Frau-Sein zu erforschen und auszuleben.

Laut sind noch Gelächter und versuchte Verhöhnung derer, welche die wahre Weiblichkeit fürchten wie den Teufel. Die wahre weibliche Kraft bringt das Chaos. Nicht, weil sie selbst chaotisch wäre, sondern weil sie jede künstliche Ordnung und Kontrolle ins Wanken bringt, aufs heftigste bedroht und schließlich zum Einsturz bringen wird.

Für sie ist der lebensfremde, künstliche Kontrollwahn, welcher in dieser Welt momentan noch die Zügel in der Hand hält, ein Grauen. Doch weiß sie, dass seine Tage bereits gezählt sind.

Sie weiß um den Fluss des Lebens. Sie weiß, dass nach jeder Zerstörung, nach jedem symbolhaften Tod, alles neu geboren wird. Das ist der geheime Rhythmus des Lebens in welchem sich alles fortwährend verändert.

Der Boden wird bereitet, um die Saat ausbringen zu können. Die Pflanze keimt, wächst und gedeiht. Schließlich wird sie reif und die Ernte kann eingetragen werden. Am

Ende dieses Zyklus stirbt die Pflanze, oder aber sie begibt sich zur Winterruhe, um im nächsten Frühling wieder neu zu erblühen. So gibt es der Kreislauf der Natur vor.

Die Tage fern des echten Lebens, geprägt von Kontrollwahn und bewussten Handlungen wider die Natur, sehen ihrem Ende entgegen. Der Mensch lebte zu lange schon auf Kosten der Natur - im wahrsten Sinne des Wortes.

Der von seinem wahren Wesen entfremdete Mensch missachtet alle natürlichen Abläufe. Noch ist er stur und nicht Willens, sie als nicht kontrollierbar anzuerkennen. So geht er wie von Sinnen gegen sie vor. Er zerstört seinen eigenen inneren Zugang zu seinem wahren Sein und gleichzeitig seine Lebensgrundlage in der äußeren Welt.

Von der Natur, die ihn umgibt könnte er lernen! Er könnte viel über sein wahres Sein erfahren. Stattdessen meint er alles besser zu wissen und versucht der Welt den Irrtum der Natur zu beweisen.

Die weibliche Kraft ist aufgefordert sich zu reinigen, zu regenerieren um wieder kraftvoll und mutig zu werden. Das ist der einzige Weg! So hilft sie indirekt dabei, dem Kontrollwahn ein Ende zu setzen - indem sie nicht mehr nachgibt, nicht mehr weicht und sich gleichzeitig den alten, lebensfeindlichen Strukturen verweigert und entzieht.

Sie weiß, wie sie stärker und strahlender werden kann und wie sie sich mit dem Fluss des Lebens verbindet.

Den Rest erledigen die Natur und der natürliche Fluss des Lebens.

Aus der Seele und der weiblichen Kraft

Lange hast du mich verleugnet,
hast Tür und Tor verschlossen, verrammelt,
auf dass ich niemals fände,
das, wonach ich suchte.
Versuchtest mich auszuhungern, mich wegzustoßen!

Doch niemals gehe ich fort,
bin niemals weg, auch wenn du es noch so sehr wolltest!
Tief eingeschlossen hast du mich,
konntest mich nicht mehr fühlen!
Verlacht, verspottet hast du mich,
versuchtest mich wegzudiskutieren,
hofftest mich,
mit irgendwelchen Argumenten klein zu reden.
Doch nur, weil du mich schon lange fühltest und fürchtest.
Den tiefen Schmerz in dir wolltest du nicht fühlen.
Deine heftige Abwehr gegen mich,
war Abwehr gegen deinen Schmerz.
Denn du weißt um das Verbrechen, das du dir selbst angetan,
als du mich verraten hast – verrietest du dich selbst
als du mich verleugnet hast – verleugnetest du dich selbst.

All die Pein, den Schmerz, die Verfolgung,
all das nur, um deinen verborgenen Schmerz
nicht wieder zu spüren,
um die Kontrolle zu behalten.
Du wurdest grausam, zu unsäglichen Handlungen fähig!
Du redetest dir ein, das alles müsste sein.
Du fühltest dich selbst nicht mehr,
herzlos, entkoppelt, ranntest du blind geworden umher.

Doch los wurdest du ihn nie!
Ich weiche nun nicht mehr,
lass mich nicht mehr ein
auf dein grausames Spiel.

Ich verwehre dir deinen Wusch,
ich möge doch wieder verschwinden,
in die Tiefen in die du mich verbannt,
in jene Tiefen in die ich mich zurückzog,
mich verbarg vor deinem Hass und deinem Wahn.

Nun schreck ich nicht mehr zurück!
Ich fordere von dir,
deinen eigenen Schmerz zu fühlen,
dich endlich ihm zu stellen,
Blick an, was du in deiner Wut getan!
Sieh alles an, denn ich weiche nicht mehr!
Auf dass du heil wirst
und ich mit dir!

Der vernachlässigte Körper

Viele Frauen unterhalten eine unglückliche Beziehung mit ihren Körpern. Der Körper wird häufig genauso wenig achtsam behandelt wie die Seele.

Ein achtsamer Umgang und eine liebevolle Beziehung zum eigenen Körper zu pflegen, sollte nicht damit verwechselt werden, sich den äußerlich vorgegebenen Idealen und den dafür notwendigen Schönheitsritualen zu unterwerfen. Tatsächlich verbringen viele Frauen doch relativ viel Zeit damit, Gesicht und Körper entsprechend den gängigen Vorgaben anzupassen. Doch hat dies mit einem respektvollen Umgang wenig zu tun.

Viel mehr geht es um die innere Haltung, um eine bewusste Achtsamkeit und das Respektieren der wahren Empfindungen.

Die Ursachen und Hintergründe für eine schlechte Beziehung zum eigenen Körper, sind teilweise individuell unterschiedlich. Doch gibt es, wie in anderen Bereichen auch, kulturell geprägte Grundeinstellungen, welche sich stark prägend auswirken. Dies betrifft sowohl momentan vorherrschende Schönheitsideale, als auch insbesondere die grundsätzliche Art und Weise, wie der Körper gesehen und betrachtet wird.

Der Körper wird nicht als das sensible Medium verstanden, welches er ihn Wahrheit ist. Tatsächlich sollten wir ihm aber dankbar sein. Er lässt uns ständig zahlreiche Informationen zukommen. So teilt er uns über Empfindungen mit, welches Essen uns gut tut, oder was wir nicht vertragen und daher besser meiden sollten. Er lässt uns wissen, wie viel wir von welcher Speise brauchen, damit er kräftig und gesund bleibt. Ebenso teilt er uns mit, wann er welche Bewegung möchte, wann er Ruhe und Erholung benötigt, welche Situationen oder Personen jetzt gerade nicht passend sind, oder womit er sich gerade besonders wohl fühlt.

Hier wird schnell klar, wie sehr Körper und Seele in Zusammenhang stehen. Der Körper ist das Medium, welches der Seele wichtige Informationen über die momentane Beschaffenheit der äußeren Welt mitteilt und in welcher Weise sich diese auf uns auswirkt. Ohne unseren Körper könnten wir diese Welt nicht erspüren, nicht erkunden, nicht begreifen.

Die Sinnesorgane liefern nur einen Bruchteil an Informationen, welche ein Mensch durch ein gutes Gespür und Sensibilität für den eigenen Körper wahrnehmen kann. Zudem sind Geruchssinn, Geschmackssinn und Tastsinn vieler Menschen verkümmert. Augen und Ohren hingegen sind von viel zu vielen Reizen, welche kaum noch verarbeitet werden können, oft völlig überlastet. Werden die Sinne wieder empfindsamer, wird das oft als Belastung empfunden. Tatsächlich aber sollte dies eher als Hinweis verstanden werden, sich schädigenden Situationen weniger häufig auszusetzen. Der Körper ist in diesem, leider kaum beachteten Bereich, sehr viel schlauer als der menschliche Verstand.

Wir müssen feststellen, dass dem Körper nicht die große Bedeutung zugestanden wird, welche ihm eigentlich zukommen müsste. Viel eher soll er, einer Maschine gleich, den gängigen Leistungsanforderungen entsprechend funktionieren. Er soll sich dem Willen des Menschen unterordnen.

Der menschliche Wille möchte dem Körper aufzwingen welche Arbeit er bewältigen muss, wie sehr er sich verausgaben soll, was er auszuhalten hat, welches Essen jetzt gegessen werden muss, wann der Schlaf beginnen darf und wann er beendet werden muss, wie er aussehen soll und noch vieles mehr.

Der menschliche Wille sowie die Anpassung an gesellschaftliche Anforderungen, werden über die wahren Bedürfnissen des Körpers gestellt. Sie werden so lange wie möglich ignoriert. Darum haben die wenigsten Menschen gelernt, ihrem Körper überhaupt zuzuhören.

Zusätzlich zu dieser ausbeuterischen Einstellung wird insbesondere der Körper einer Frau in seiner optischen Erscheinungsform vielfach für unzureichend erklärt. In der westlichen Kultur wurde ein künstliches Idealbild eines Frauenkörpers erschaffen, welchem sehr viele Frauen nicht entsprechen. Ein fehlendes Hinterfragen und ein Bejahen jener Normen verhindert, eine wirkliche Beziehung zum eignen Körper zu entwickeln und zu pflegen.

Die meisten jungen Mädchen bauen keine gesunde Beziehung zu ihren erwachsen werdenden Körpern auf. Einerseits sehen sie bei ihren Müttern und Bezugspersonen, wie diese mit dem weiblichen Körper umgehen. Andererseits wirkt sich das mediale Bild einer für perfekt erklärten Frau stark prägend aus.

Nach dem momentanen Schönheitsideal müssten Frauen ständig an irgendwelchen Stellen abnehmen, oder ständig an sich arbeiten, um noch perfekter zu werden. Sie müssen sich von anderen beurteilen, vergleichen und messen lassen, wollen sie hier Anerkennung gewinnen.

Um dem Bild einer „erfolgreichen Karrierefrau" zu entsprechen, hat sie agil zu sein und alles im Griff zu haben. Dabei soll sie möglichst souverän wirken, freundlich lächeln, adrett aussehen und darf sich keine so genannte „Schwäche" erlauben. Kann sie zusätzlich noch dem Bild als „Managerin" einer funktionierenden Familie entsprechen, findet sie in der äußeren Welt allgemeine Anerkennung und Zustimmung.

Zufriedenheit, Wertschätzung, Weichheit oder Genuss haben dort jedoch nirgends Platz.

Viele Frauen empfinden sich als peinlich, beginnen sich insgeheim zu hassen oder sogar bewusst zu quälen, wenn sie mit diesen irrwitzigen Vorgaben nicht mithalten können und die Fassade eines aufgebauten Bildes Risse bekommt. Im schlimmsten Fall wird eine Frau zum Feind ihres Körpers.

Frauen, welche sich von den erwähnten Idealen vordergründig nichts vorschreiben lassen, haben oft trotzdem nicht die beste Beziehung zu ihren Körpern.

Vielen Menschen ist es lästig und möglicherweise auch peinlich, wenn ihr Körper versagt, oder sich mit unerwünschten Unpässlichkeiten auf seine Weise Gehör verschaffen will. Ein nicht wunschgemäß funktionierender Körper ist unpraktisch. So glaubt der Mensch häufig, es gäbe viel Wichtigeres zu tun, als sich mit seinem kranken Körper zu befassen.

Ein weiterer großer Bereich ist jener von sportlichen Leistung und des Konkurrenzkampfes. Ständiges Vergleichen mit einem vermeintlichen Gegner, der Wunsch, in einem bestimmten Bereich unbedingt besser sein zu wollen als alle anderen, lenkt grundsätzlich davon ab, mit sich selbst in Harmonie zu sein. Schließlich „schläft die Konkurrenz nie", „Anerkennung muss man sich verdienen" und „erworbene Siege müssen verteidigt werden".

Ständiges Vergleichen ist Gift für ein wirklich glückliches Leben. Der Körper soll sich bestmöglich dem Willen eines Menschen unterordnen. So wird dem Körper insgeheim der Krieg erklärt, mit dem Ziel über ihn zu siegen. Jene, die diesen Vorgaben am besten nachkommen werden wie Helden verehrt. Dass in vielen Sportarten zu künstlich leistungssteigernden Methoden gegriffen wird, welche den Körper tatsächlich krank machen, verdeutlicht, wie weit das alles schon gekommen ist.

An all diesen Punkten passiert vor allem eines: Der Körper wird in seiner Ursprünglichkeit für unperfekt erklärt und darum bekämpft. Viele Menschen versinken in

Schamgefühlen ob ihrem nicht entsprechenden Äußeren und sind sich zu keinem Zeitpunkt darüber bewusst, was sie sich selbst damit antun!

Solch hohe Leistungsanforderungen haben die Folgeerscheinung, dass viele Menschen damit heillos überfordert sind. Aus Trotzhaltung oder Überforderung geben sie sich selbst auf. Es wird ihnen scheinbar alles egal, können sie ja doch niemals diesen Anforderungen genügen. Auch sie haben keine gute Beziehung zu ihrem Körper, welche eher von Taubheit, Kälte und Gleichgültigkeit geprägt ist.

So stehen sich wie so häufig zwei Extreme gegenüber: Diejenigen, welche mit Disziplin und Ehrgeiz aufwarten und jene, die ihre Scheuklappen aufgezogen haben und nichts mehr von alldem wissen wollen.

Dies hat grauenhafte, stark unterschätzte Auswirkungen auf das gesamte Leben. In besonderer Weise wirkt sich das auf die weibliche Kraft aus, denn sie wohnt im Körper.

Sie sitzt im Unterleib eines Menschen. Jede Ablehnung gegen den Körper, jede Attacke oder Kriegserklärung ist schädlich. Nahrungsentzug, zum Zweck seiner Unterwerfung, hungert auch die weibliche Kraft aus. Jede heimliche, nicht entlarvte oder sogar bewusste Bestrafung des Körpers, richtet sich immer auch gegen die weibliche Kraft und die Seele.

Die Formen der Selbstbestrafung sind durchaus unterschiedlich. Es kann sich unter anderem um zu viel Sport handeln, das Aufrechterhalten ungesunder Lebenssituationen, das Vollstopfen mit unbekömmlichem Essen, oder das Zuführen von schädlichen Substanzen. So wird die Blockade, welche den Fluss der weiblichen Kraft unterbindet, immer wieder genährt.

Ein künstlich aufgebauschtes Schönheitsideal, welches einer Frau nicht entspricht, ist eine Verhöhnung dessen was sie wirklich ist und richtet sich gegen ihre weibliche

Kraft. Es ist daher dringend notwendig diesen Vorgaben die eigene Zustimmung und Unterstützung zu entziehen. Ist eine Frau mit ihrem Körper im Kriegszustand, so hat sie auch ihre weibliche Kraft nicht auf ihrer Seite, sondern gegen sich!

Schämt sich eine Frau für ihren Körper, hat sie immer große Probleme damit, wahrhaft sinnlichen Genuss zu empfinden. Sie wird immer zuerst an Verbote und Begrenzungen jeglicher Art denken - ob sie sich selbst das nun eingesteht oder nicht. Je mehr ein Mensch von seinen körperlichen Empfindungen dissoziiert ist, desto weniger kann er diese schätzen. Härte, Kälte, Taubheit und Geringschätzung sind spürbare Folgeerscheinungen. Zugleich braucht es viel stärkere Stimulationen, um überhaupt noch etwas zu fühlen - um sich selbst spüren zu können.

Der Umgang mit dem eigenen Körper verdeutlicht die Art und Weise, wie ein Mensch mit seiner Seele umgeht: Dies kann respektvoll, würdevoll und liebevoll sein, oder aber unbewusst, hart, unnachgiebig und gering schätzend.

In Wahrheit ist der Körper ein Tempel. Er ist auf seine Weise heilig. In ihm wohnt viel mehr Kraft, als den meisten Menschen bewusst ist.

Die meisten Frauen müssen sich eine liebevolle Beziehung mit ihrem Körper erst erarbeiten.

Der Pfad der Einweihung

Es ist auch für die Seele von großer Wichtigkeit, sich mit dem eigenen Körper ernsthaft zu befassen. Es gilt heraus zu finden, was ihm wirklich gut tut, ihn nährt und stärkt und was ihn schwächt. Ein achtvoller, respektvoller Umgang mit ihm, ist grundlegende Voraussetzung für eine gesunde Seele. Alle verinnerlichten Unterdrückungsmaßnahmen müssen daher entlarvt und erkannt werden. Innere Kontrollzwänge werden auch im Umgang mit dem eigenen Körper sichtbar.

Auch hier ist es unbedingt notwendig, übernommene, nie hinterfragte Verhaltensweisen genauer unter die Lupe zu nehmen. Ein Abnabelungsprozess ist auch in diesem Bereich erforderlich. Dabei geht es um eine echte, wahrhafte Abnabelung von den künstlichen Rollenbildern, nicht um eine oberflächlich ausgesprochene Lossagung. Sonst wird eine Frau in ihre eigene Falle tappen. Sie würde den Kampf gegen diese Verhaltensnormen in ihrem Inneren weiter führen. Jeder auf die unsichtbare, innere Ebene verlagerte Kampf hat schädigende Auswirkungen.

Es ist notwendig, sich von vielen Dingen zu befreien, und sie bleiben zu lassen. Die meisten Frauen der westlichen Kulturen leiden weniger darunter, dass sie von etwas zu wenig haben. Sie leiden vor allem darunter, dass sie mit viel zu vielen unpassenden Dingen überhäuft sind - Voll sind Gedanken und Terminkalender, voll sind Wohnungen, Schränke wie auch der Kühlschrank.

Ausmisten um Raum zu schaffen, ist ein wichtiger Schritt, um erst einmal herausfinden zu können welche Unnotwendigkeiten bislang zu viel Raum einnahmen. Dieser Prozess erfordert das Durchbrechen alter Gewohnheiten. So manches Suchtverhalten wird hier entlarvt.

Wurden die alten Gewohnheiten durchbrochen, entsteht dringend benötigter Freiraum.

Wenn der Raum wirklich geleert wurde, muss diese Leere auch ausgehalten werden. Danach erst kann eine Frau damit beginnen zu erforschen, was sie jetzt wirklich möchte und was ihr in der Vergangenheit doch eher Belastung war. Hier muss sie Unterscheidungsfähigkeit entwickeln. Zu viel von den falschen Dingen würde sie erneut belasten, ihr Raum zum Atmen und für ihre Ausdehnung nehmen.

Sie muss Erfahrungen sammeln und mit Hilfe ihrer Intuition den wahren Wert der Dinge entlarven. Sie muss unterscheiden zwischen oberflächlichen Ablenkungen, welche auf Dauer gesehen schädlich sind und wahren, echten sinnlichen Geschenken, die ihre Seele und weibliche Kraft nähren. Vernachlässigt sie es, sich wahre, echte Seelennahrung zuzugestehen, kann sie selbst immer weniger geben, wird leer und ausgebrannt. Doch die Verlockungen der oberflächlichen Glitzerwelt, welche schnelle Befriedigung versprechen, werde ihr nicht den Ausgleich verschaffen können, welchen sie braucht.

Das Leben einer kraftvollen Frau befindet sich in einem ständigen Wechselspiel aus genussvollem Empfangen und freudvollem Verschenken. Daher wird es Zeit für sie heraus zu finden, was wahrer Genuss bedeutet und wie ihr Körper eigentlich behandelt werden will.

Der Körper ist ihr Tempel für diese Inkarnation. Behandelt eine Frau ihn gut, so wird sie von ihm und durch ihn unterstützt. Erfahrungen werden intensiver. Sie kann sich ihrer Empfindsamkeit nähern.

Die sensible Frau ist mit ihrem Körper in lebendigem Kontakt. Sie kann mit ihm sprechen, ihm zuhören und somit erfahren, was er möchte und was er braucht. Dies ist dem gesamten Lebensfluss zuträglich, ist ihr Körper doch wechselnden Energiezuständen unterworfen.

All dies hilft ihr dabei, sich in ihr selbst zu Hause zu fühlen und in ihrer Mitte zu sein.

Eine rein geistige Auseinandersetzung mit der weiblichen Kraft reicht keineswegs aus, um sie vollständig und in ihrer Tiefe zu begreifen.

Ein wesentlicher Bereich für kraftvolle Weiblichkeit betrifft körperliche und sinnliche Erfahrungen. Diese Aspekte kommen für gewöhnlich viel zu kurz, werden sie doch so häufig auf später verschoben. Eingetrichterte Sätze wie *„Erst die Arbeit, dann das Spiel!"*, verdeutlichen innerlich gesetzte Prioritäten. Nicht selten wird so lange gearbeitet und sich angestrengt, bis eine Frau letztlich ganz einfach zu müde ist.

Häufig werden Genuss und Sinnlichkeit rein auf sexuelle Erlebnisse reduziert, wenngleich dies unumstritten ein wichtiger Aspekt ist. Doch Genussfähigkeit ist in vielen Bereichen des Lebens erfahrbar. Vielfach muss sie allerdings erst wieder erlernt werden. Sinnlicher Genuss stellt sich nicht auf Knopfdruck ein, nur weil der Mensch das jetzt so will.

Wiederentdeckung und Rückeroberung der Sinnlichkeit ist ein wichtiger Bestandteil der Einweihung in die weibliche Kraft.

Es kann bereits äußerst sinnlich sein, den Duft einer Blume wirklich zu genießen, ihn in sich aufzunehmen und nachzufühlen wie wohl das tut.

Es kann äußerst genussvoll sein, sich mit Gartenarbeit zu beschäftigen und mit bloßen Händen in der feuchten Erde zu wühlen und dies intensiv zu fühlen.

Ein Spaziergang im Frühling, begleitet vom Geruch des schmelzenden Schnees und von Vogelgezwitscher, kann zu einem sinnlichen Erlebnis werden - vorausgesetzt eine Frau nimmt dies bewusst wahr und erlaubt sich, das zu genießen, anstatt gedanklich irgendwo anders zu sein.

Das achtsame Zubereiten duftender Speisen kann berei-
chernd und erfüllend sein. Sie anschließend zu genießen,
wird wirklich nährend sein.

Insbesondere ist auch jede Art des künstlerischen Ausdrucks - handelt es sich dabei um Tanz, Musik, Malerei,
Poesie oder einen anderen Bereiche des schöpferischen
Ausdrucks - unerlässlich für das allgemeine Wohlbefin-
den und die weibliche Kraft. Gelingt es dabei richtig loszulassen, kann dies tiefen Genuss bereiten und eine sinnliche Erfahrung sein.

Diese Liste ließe sich beliebig fortsetzten. Doch ist es die
Aufgabe einer Frau, für sich selbst zu entdecken was genau ihr dabei hilft, ihre Sinnlichkeit zu entdecken und
diese zu genießen.

Wirkliche Begegnung

Um eine Begegnung zwischen Frau und Mann auf eine völlig neue Art und Weise zu ermöglichen, braucht es zunächst die Anerkennung, dass alten Strukturen und Muster in uns wirken. Sie müssen zuerst erlöst werden.

Um die Kraft der Beziehung zwischen Mann und Frau zu befreien, ist es nötig in die Tiefe hinab zu tauchen. Dort gilt es hervor zu holen, was hinter verschlossenen Kellertüren vor sich hinmodert und bereits schrecklich übel riecht. Der Gestank dringt bereits bis an die Oberfläche. Er verursacht Unwohlsein und verleidet bereits etlichen Menschen die Bereitschaft, sich diesen Strukturen noch länger zu unterwerfen. So, wie die wirtschaftlichen Abhängigkeiten der Frauen langsam verschwinden, macht sich fauliger Geruch breit, der wichtige Frage aufwirft:

Wie wollen wir denn überhaupt eine Beziehung zueinander und miteinander führen?

Auf welche Weise wollen wir uns neu begegnen und einander auf eine neue Art begreifen und ehren?

Schnelle und einfache Antworten wird es hier nicht geben! Doch zuvor muss ohnehin in den Keller hinab gestiegen werden. Wir müssen ansehen und alles auseinander nehmen was sich in diesen Tiefen verbirgt.

Die Befreiung aus alten Strukturen

Machtkämpfe und deren hoher Preis

Frauen wie Männer bezahlten über viele Jahrhunderte hinweg einen hohen Preis - wenn auch auf unterschiedliche Art und Weise - um ein wenig Liebe und Anerkennung zu bekommen. Insbesondere um nicht allein sein zu müssen, gingen sie folgenschwere Kompromisse ein. Frauen wurden häufig ob ihrer körperlichen Unterlegenheit, aber auch ob ihrer gesellschaftlichen Schlechterstellung unterdrückt. Es wurde ihnen häufig die Möglichkeit entzogen, ein wirtschaftlich unabhängiges Leben zu führen. Über lange Zeiten hinweg ging es für viele Frauen nur darum, eine möglichst „gute Partie" zu machen, um so ihre Existenz zu sichern und zu rechtfertigen. Bis zum heutigen Tage gibt es Länder und Gesellschaftsstrukturen, in welchen es Frauen nach wie vor unmöglich gemacht wird ein unabhängiges Leben zu führen.

Klar ist, dass nicht alle Frauen dieser Welt in gleich hohem Maße betroffen sind. Doch wirken sowohl die Lebensgeschichten der Ahnen, wie auch die immer noch global herrschenden Schlechterstellungen auf das Kollektiv der Frauen ein. Das hat gravierende Auswirkungen. Es vergiftet auch die Beziehungen zwischen Männern und Frauen. Dies geschieht oft völlig unbewusst und nicht selten ohne auf den ersten Blick erkennbaren Grund. Darum ist es umso wichtiger Bewusstheit darüber zu erlangen, was sich hier auswirkt. Es ist wichtig wissen, was sich oft wie ein Schatten über Beziehungen legt, welche doch scheinbar unkompliziert und wunderbar sein müsste und es doch nicht sind.

Seit langer Zeit bekamen Frauen ihre Unterlegenheit zu spüren.

Sie mussten sich schützen, und waren gezwungen sich anzupassen. Gleichzeitig wollten sie auf ihre Weise irgendwie die Kontrolle erlangen.

Ob ihrer Unterdrückung begann sich innerlich viel Wut anzustauen, welche aber äußerlich kaum je zum Ausbruch kommen durfte. Alle unterdrückten Gefühle aber streben auf irgendeine Art an die Oberfläche. Sie drängen nach Erlösung. Sie verlangen nach einem Ausgleich, bringen sie doch das seelische Gefüge massiv aus dem Gleichgewicht. Je länger Gefühlen ihr klarer, ehrlicher Ausdruck verwehrt bleibt, desto mehr beginnen sie sich zu verdrehen und wirklich hässlich zu werden. So begannen sich Frauen unbewusst, von ihnen selbst oft völlig unbemerkt, zu rächen.

In ihrer Verzweiflung übernahmen sie, mit ihnen zu eigenen Methoden wie Manipulation oder körperlicher und seelischer Verweigerung, ihren Part in diesem schrecklichen Kampf. Zum Beispiel verwehrten sie sich selbst sowie ihren Männern Genuss und Hingabe. Sie rebellierten heimlich, verborgen und mitunter auf selbst zerstörerische Art und Weise. Während sie gleichzeitig an der Verkümmerung ihrer weiblichen Kraft erkrankten. Sie beraubten sich ihrer ursprünglichen, natürlich innewohnenden Wildheit und Unangepasstheit, welche Teil ihrer natürlichen Weiblichkeit ist.

Viele Frauen unterwarfen sich der gesellschaftlichen Rollenvorstellung einer lieben, braven, hübschen, stets hilfsbereiten, angepassten Ehefrau und Mutter. Um dies noch zusätzlich zu untermauern stimmten sie in den Reigen von Hass, Verleumdung und Demütigung mit ein, welcher all jene Frauen traf, die sich widersetzten. Jene Rebellinnen gibt es und gab es zu jeder Zeit. Sie bezahlten und bezahlen den Preis Ausgestoßenenseins. In früheren Zeiten bedeutete das manchmal sogar Folter und Tod.

Die heutigen Frauen befinden sich in einem Dilemma, spüren auch sie diese nicht erlösten Kräfte. Sie wollen ihren Männern lieber nicht wieder zu viel ihres wahren Wesens Preis geben, um nicht erneut - ob ihrer körperlichen Unterlegenheit - den Kürzeren zu ziehen. Männer nutzten ihre Überlegenheit oft aus. Auch heute leben wir diesbezüglich in keiner heilen Gesellschaft. So fehlt nicht wenigen Männern noch immer der grundsätzliche Respekt vor einer Frau. In früheren Zeiten galten sie als die "Ernährer" einer Familie und wussten um die Abhängigkeit ihrer Frauen. Doch war dies eine schwere Bürde, denn auch sie blieben in diesen Machtkampf verstrickt. Männer bezahlen heute mehr denn je einen hohen Preis. Sie müssen auf ihre ursprüngliche Wildheit und wahre männliche Kraft verzichten, sofern eine Partnerschaft aufrechterhalten bleiben soll, in welcher die weibliche Kraft unerlöst bleibt. Die männliche Kraft kann nicht stark und geheilt sein, wenn die weibliche Kraft verdrängt und unterdrückt wird. Geht es der weiblichen Kraft nicht gut, so leidet auch die männliche Kraft darunter. Sie sind untrennbar miteinander verknüpft und bedingen sich gegenseitig. Bleibt der weibliche Anteil unterdrückt und ungeheilt, so ist dies auch das Schicksal des männlichen Anteils.

Jeder Mensch ist Träger der männlichen wie auch der weiblichen Kraft. Die momentane Beschaffenheit der Beziehung in der sichtbaren Welt, liefert symbolische Hinweise auf die jeweilige Interaktion beider Kräfte auf Seelenebene.
Vielfach wurden sowohl der weibliche, wie auch der männliche Anteil ihrer ursprünglichen Kraft beraubt. Der natürliche, freie Ausdruck dieser Kräfte wurde und wird gegen eine scheinbar stabile Verbindung, für wirtschaftliche Sicherheit und gesellschaftliche Anerkennung eingetauscht. Beziehungen werden auch zur Symptombekämpfung gegen Einsamkeit benutzt. Doch in Wahrheit frisst sich die Einsamkeit so nur noch tiefer in die Seelen. Eine

tiefe, aber nur selten eingestandene Depression, ob der unterdrückten Seelenanteile, macht sich breit. Hierfür schien es lange Zeit keine Heilung zu geben.

Eine Entwicklung, welche in der heutigen Zeit relativ häufig zu beobachten ist, ist eine scheinbare Umkehr der Rollen. So sind es heute nicht selten Frauen, welche ihre Männer unterdrücken und ihnen ihren Willen aufzwingen. Recht häufig sprechen Frauen ihren Männern sogar ab, erwachsene Männer zu sein. Sie bemuttern und bevormunden sie wo sie nur können. Auch das sind vielfach unbewusste Ausgleichsversuche und heimliche Racheaktionen, deren Wurzeln viel tiefer und weit zurück liegend zu finden sind.

Verlierer sind beide, so lange sie in jene unsäglichen Machtkämpfe verstrickt bleiben, welche sich aber ihrer bewussten Kontrolle entziehen. Sie leiden, sie bekämpfen sich gegenseitig, in einem verzweifelten Krieg, den keiner je gewissen wird!

Jetzt ist es Zeit, diesen Kriegsschauplatz zu verlassen! Beenden kann diesen Kampf ausschließlich jeder für sich und in sich selbst! Es lohnt sich, den inneren Kampf gegen die wahre Wildheit, Natürlichkeit und das wahre Sein zu beenden!

Verweigert es ein Mensch jenen Machtkämpfen noch länger Nahrung zuzuführen, stärkt dies innerlich ungemein. Dem wahren Wesen mehr und mehr zu erlauben sich auszudrücken, bedeutet zu heilen.

Es liegt allein an *dir* auszusteigen!

Der Pfad der Einweihung

Um eine Einweihung in eine neue, natürlichere Form der Beziehung zueinander zu erfahren, beginnt dieser Pfad dort, wo jeder Einweihungsweg beginnt:
An der Stelle an welcher anerkannt und angenommen wird, was jetzt wirklich ist.

Es spielt keine Rolle, ob eine Frau gerade eine Trennung hinter sich hat und im Grunde genug von Männern hat, oder ob sie sich ob der destruktiven Beziehungsmuster dazu entschlossen hat, lieber alleine zu leben. Es spielt keine Rolle, ob sie die Probleme in ihrer jetzigen Beziehung gerade als äußerst herausfordernd empfindet und überlegt ihren Mann zu verlassen, oder ob sie sich nicht mutig genug fühlt, sich aus ihrem Hamsterrad hinaus zu wagen.
Der Pfad beginnt genau hier und jetzt! Indem sie eintaucht und annimmt was sie gerade vorfindet.

Es gehört zum Einweihungspfad einer Frau, auch bei der Wahl ihres Partners viel genauer hinzusehen! Frauen welche sich von oberflächlich schönem und scheinbar erstrebenswertem Schein einlullen lassen und nicht genauer hinsehen wollen, werden dafür bezahlen müssen.
Eine kraftvolle Frau weiß um ihren Wert. Sie lässt sich nicht so leicht von glitzernden Scheinversprechen beeindrucken. Schnell wird immer auch der Preis sichtbar, welchen sie zu bezahlen hätte, ließe sie sich auf dieses Spiel ein. Nicht jeder Mann wird in diesem Leben zu einem wahren, kraftvollen Mann werden. Es muss immer auch jene Männer geben, welche Frauen darauf hinweisen, wo sie selbst bereit sind, sich und ihre wahre Kraft zu verkaufen und zu verraten.
Eine Frau muss Sorgfalt in der Wahl ihres Partners walten lassen. Hierfür muss sie sich auf ihren Instinkt verlassen

und ihren potentiellen Partner genauer beobachten. Wenn sie ehrlich mit sich selbst ist, wird sie immer erkennen mit wem sie es wirklich zu tun hat. Sie wird sehen, ob dieser Mann ihre Weiblichkeit letztlich untergraben und verbieten würde oder ob er das Potenzial hat, zu ihrem wahren Gefährten zu werden.

Wie in allen Bereichen des Lebens muss sie erkennen lernen, was wirklich gut für sie ist und Unterscheidungsfähigkeit entwickeln.

Alle Frauen begegnen in ihrem Leben auch Männern, welche es mit ihrer wahren Weiblichkeit nicht gut meinen. Wenn sie jedoch ihrem wahren Gefährten begegnen, so müssen sie ihre erworbenen Schmerzen überwinden wollen. Nicht alle Männer sind Träger trügerischer Energien. Die alten Wunden müssen geheilt werden. Nur ein wahrer Gefährte wird begreifen, dass er seinen Anteil in diesem Heilungsprozess übernehmen muss. Er wird erkennen, dass die Heilung der verletzen Weiblichkeit seiner Gefährtin auch Teil seines Einweihungspfades ist. Es ist ein Pfad welchen beide miteinander durchwandern. Nur auf diese Weise durchlaufen beide ihre jeweils komplementären Initiationen.

Der Weg in eine freiere Form der Beziehung muss erst begangen werden. Es hilft nicht, nur zu warten, zu hoffen und zu träumen.

Es braucht ein aktives Auseinandersetzten mit dem was jetzt genau vorhanden ist. Dies ist der einzige Türöffner. Er wird beide weiter führen, tiefer in das was dort im Verborgenen schlummert. Je tiefer sie kommen, desto näher kommen Frau und Mann ihrer wahren Essenz.

Sind sie in ihrem wahren kraftvollen Sein angekommen, werden sie ungeahnt viel erfahren haben. Sie *wissen* über sich selbst und auch darüber wie sie als Frau und Mann miteinander gemeint sind.

So wissen sie auch, dass es unsinnig ist, den fünften Schritt vor dem ersten machen zu wollen!

Befreiungsritual

Als Unterstützung, um die Ahnenreihe von Mustern und blockierten Energien zu befreien, kann das folgende Ritual unterstützend wirken. Es stellt eine Möglichkeit dar, sich alter Grundmuster und Blockaden anzunehmen, um sie zu befreien.

Dieses Ritual kann so übernommen werden, oder aber auch als eine Einladung für eigenes Experimentieren verstanden werden.

Es ist nützlich der weiblichen Kraft, auf handelnde Weise zum Ausdruck zu verhelfen. Alles wodurch sie sich ausdrücken kann und darf, bringt ihre Energie ins Fließen.

Grundsätzlicher Hinweis:

Wenn alte Energien bewusst „in Bewegung" gebracht werden, kommt es häufig zu einer kurzfristigen Verschlimmerungen daran gekoppelter Situationen des realen Lebens, bevor sich in der Folge alles entspannen kann. Es lohnt sich, dem gegenüber aufmerksam zu bleiben und anzusehen, was sich in der Folge zeigt. Dies ist bereits ein Zeichen dafür, dass etwas in Bewegung gekommen ist.

Die alte Struktur und bisherige Scheinordnung wird aufgebrochen. Dabei entsteht eine, oft als unangenehm empfundene, Unordnung, Verwirrung oder auch Leere. Dies sind nur vorübergehende Erscheinungen. Sie sind notwendig, damit in der Folge alles in eine natürlichere, heilere Ordnung fallen kann.

Für die natürliche Ordnung sind wir als Menschen nicht zuständig. Sie entspricht der göttlichen Ordnung und entzieht sich dem menschlichen Verstand. Das Leben selbst weiß genau, wie die natürliche Ordnung aussieht. Hier ist es angebracht Vertrauen zu entwickeln, loszulassen und den Sprung in etwas Neues zu wagen.

Diesen Vorgang zu lenken wäre unklug und würde nur wieder zu neuen Verstrickungen führen. Ein solcher Drang sollte darum darauf hinweisen, wo dem Leben selbst und der göttliche Ordnung noch kein Vertrauen entgegen gebracht wird.

Als Menschen sind wir an anderer Stelle gefragt. Wir müssen uns um jenen Bereich kümmern, in welchem die alten Muster bewusst hervorgeholt werden.

Das alte Muster löst sich aus dem zuvor nicht wahrnehmbaren Bereich und wird in den erkennbaren Bereich geholt. Geschieht das, ist es bereits dabei sich zu lösen.

Alles was sich im verborgenen, nicht wahrnehmbaren Bereich verbirgt, kann nicht geheilt werden. Doch richtet es von dort aus gravierende Schäden an.

Alles was den wahrnehmbaren, direkt erlebbaren Bereich erreicht, befindet sich bereits in seiner Heilung, auch wenn das manchmal kurzfristig unangenehme Nebenwirkungen hat.

Es ist wahrscheinlich, dass sich bald noch tiefere, ebenfalls daran geknüpfte Muster und Zusammenhänge zeigen, welche ebenfalls erlöst werden wollen. Daher kann es nützlich sein, das Ritual in abgewandelter Form zu wiederholen.

Lass dich dabei allein von deiner weiblichen Kraft führen!

Ritual

Vorbereitung:

Empfehlenswert sind Räuchermischungen mit Beifuss und Lavendel. Es können nach eigenem Geschmack auch andere Rauchkräuter verwendet werden, die den Loslassprozess fördern und reinigend wirken.

Auf ein Stück Papier wird folgender Text geschrieben:
Bewusstes in Bewegung Bringen blockierter Energien:
Ich erkennen an, dass ihr, meine Ahnen unter tief sitzenden Blockaden leidet und dass ihr und unsere gesamte Ahnenlinie davon erlöst werden möchte!
Ich bekunde meine Absicht, durch dieses Ritual jene Energien in Bewegung zu bringen. Ich vertraue es dem Leben an, dass in der Folge alles an seinen richtigen Platz findet.

Um sich diesen Themen noch intensiver und tief greifender zu widmen, kann dieser Text um eine Liste erweitert werden. In dieser kann alles notiert werden was momentan stark anklopft und nach Erlösung verlangt.

Der fertige Text sollte noch einmal bewusst gelesen werden während das vorbereitete Rauchkraut verräuchert wird.
Der Text kann anschließend entweder verbrannt werden, oder er wird einige Tage liegen gelassen, um das Ritual eventuell zu einem späteren Zeitpunkt noch einmal zu wiederholen.

Weibliche Kraft und Frauen

So sehr emanzipatorische Bewegungen wichtig waren und sind, so sehr wurden dabei allerdings wesentliche Aspekte wahrer Weiblichkeit völlig vernachlässigt oder ignoriert. Man wird Frauen nicht gerecht, will man sie an die gleiche Position stellen, an welcher Männer sich befinden – Wobei hier anzumerken ist, dass auch das Mann-Sein einem notwendigen Wandel unterworfen ist. *Gleichberechtigung* wird als *Gleichstellung* verstanden und damit verwechselt, doch gibt es einen großen und wichtigen Unterschied!

Männer und Frauen sind nicht gleich und sie werden es auch nie sein! Die allgemein überhand nehmende Gleichmacherei an den falschen Stellen führt nur dazu, dass der wahren weiblichen Kraft erneut viel zu wenig Bedeutung zuerkannt wird und sie in jene Tiefen verbannt bleibt. Wenn Frauen wie Männer sein und leben sollen, bleibt ihre weibliche Urnatur auf der Strecke.

Damit ist nicht gemeint, dass Frauen „zurück an den Herd" sollten und nur der Mann Karriere machen dürfte und sollte. Ebenso kann eine kraftvolle Frau nicht in die Rolle des hübschen Anhängsels eines erfolgreichen Mannes abgedrängt werden.

Die weibliche Kraft hat ihre ganz eigenen Gesetzmäßigkeiten und Bedürfnisse. Frauen müssen ihr anders begegnen, als dies Männer ihrem innewohnenden weiblichen Seelenanteil gegenüber tun müssen. Seit jeher sind Frauen Trägerinnen, Repräsentantinnen und Hüterinnen dieser Kraft. Es ist ihre heilige Aufgabe, sich ihrer weiblichen Kraft zu öffnen und diese in ihrer individuellen Facette auszuleben.

Nur Frauen tragen in sich die Möglichkeit, neues Leben entstehen zu lassen und zu gebären. Der Körper einer Frau durchläuft einen monatlichen Zyklus, welcher verlangt, sich mit den damit einhergehenden unterschiedlichen Energiezuständen zu befassen. Im besten Falle lernt eine Frau diese für sich zu nutzen und mit zu fließen. In späteren Lebensphasen hat sich eine Frau neuen Aufgaben und Herausforderungen zu stellen, welche von ihr ebenso respektiert werden müssen.

Allein durch diese Möglichkeiten erfährt eine Frau das Leben anders, als ein Mann es je könnte. Sie ist so direkt mit dem Fluss des Lebens verbunden - Sofern sie es sich erlaubt!

Der weibliche Körper reagiert auf äußere Einflüsse anders als der männliche. Frauen, welche stark mit sich selbst verbunden sind, spüren und respektieren, dass sie nicht an jedem Tag oder in jeder Phase ihres Lebens gleich funktionieren können. Es ist Aufgabe einer Frau sich selbst zu begegnen und zu erfahren, was sie wann unterstützt und was sie nährt. Das Wissen darüber wohnt in ihr. Kein Mann könnte ihr darüber je Auskunft geben.

Zudem tragen die Frauen der jetzigen Zeit anders gearteten Ballast und viel alten Schmerz in ihren Energiekörpern. Jahrhundertlange Unterdrückung der weiblichen Kraft hat auf Frauen andersartige Auswirkungen als auf Männer.

Eine ihrer wichtigsten Aufgaben ist, alten Schmerzen von Unterdrückung, körperlichen Unterwerfungen, psychischen und physischen Gräueltaten in einer Art und Weise zu begegnen, sodass diese teilweise uralten Muster in Heilung kommen können.

Frauen müssen beginnen, sich aus dem Schatten der Männer zu lösen. Sie müssen Eigenverantwortung übernehmen anstatt auf irgendetwas zu warten, oder möglichst angepasst zu funktionieren. Sie müssen erkennen, wie oft sie unbewusst darauf ausgerichtet sind, auf die Wünsche

ihrer Männer zu reagieren, anstatt das Gemeinsame mitzugestalten. Frauen müssen lernen genau auszusprechen
was ihnen gut tut und was nicht. Die Voraussetzung dafür ist natürlich, dass sie erst einmal sich selbst viel besser
kennen lernen, wie auch das Erbe, welches sie in sich tragen und welches durch sie zur Erlösung finden möchte.

Weibliche Kraft und Männer

Während Frauen sich mit ihren alten Schmerzen befassen, sind Männer gefordert, sich mehr mit ihrer inneren weiblichen Kraft zu befassen. Obgleich dies nicht alle Männer in gleichem Maße betrifft, ist doch der als „normal" geltende Mann weit davon entfernt, die tiefen der weiblichen Kraft auch nur bemerken zu wollen.

Doch dies bleibt auch den Männern nicht mehr erspart. Mehr Männer denn je sehen sich dazu aufgefordert, die Feindschaft mit der wahren Weiblichkeit zu beenden, in welcher viele ihrer Vorväter so lange lebten. Sie müssen sich zu neuen Ufern aufmachen.

Je mehr all das bislang Verdrängte nun auch an ihre Türen klopft, desto mehr kollektive Schuldgefühle wie auch Überforderung steigen hoch.

Für Frauen ist es wichtig zu wissen, dass diese Zeiten auch für Männer keineswegs einfach sind! Dennoch dürfen sie ihren Männern zutrauen, sich damit zu befassen um somit den Weg ihrer Einweihungen zu begehen. Sie selbst müssen sich währenddessen um ihre weibliche Kraft kümmern.

Die Einweihungspfade der Männer sind anders. Sie erfordern auch von Männern, in ein neues Selbstbild einzutauchen. So sind sie gefordert, einen neuen Ausdruck für ihre wahre Männlichkeit zu finden. Doch diesen Weg muss jeder Mann für sich entdecken!

Für Männer ist es wichtig, sich vom uralten Muster der Dominanz zu lösen. Sie müssen damit beginnen ihre Partnerinnen als gleichwertig anzuerkennen. Das Mann-Sein ist nicht geheilt, so lange es nicht das Weibliche als seinen Gegenpart in vollem Umfang respektiert, anerkennt und mit ihm gemeinsam agieren kann.

Männer müssen anerkennen, dass sie nicht überall das Sagen haben können. Sie müssen anerkennen, dass sie ganz einfach nicht alles wissen können, was es zu wissen gibt. Die Intuition einer wahrhaft in sich angekommen Frau, würde einen ständig belehrenden, besserwisserischen Mann an ihrer Seite ohnehin niemals dulden!

Einen Mann, der sie würdigt für den Weg welchen sie geht, der ihr zugesteht ihre Weiblichkeit neu zu entdecken, zu entfalten und zu nähren, wird sie als großes Geschenk empfinden. Obwohl kein Mann diesen Weg einer Frau jemals ganz nachvollziehen können wird, kann er doch das Geschenk von ihr erhalten, gemeinsam mit ihr auf diese besondere Entdeckungsreise zu gehen – zu ihr und ihrer wahren Weiblichkeit wie auch zu sich und seiner wahren Männlichkeit. Voraussetzung ist, dass er sie dabei unterstützt und ihr Tempo respektiert, anstatt ihr Vorschriften zu machen oder sie zur Eile anzutreiben. Auf diesem Weg muss sie die Führung übernehmen.

Nur durch sein wahrhaft bekundetes Interesse bekommt er die Möglichkeit, dass seine Frau ihm ihre Weiblichkeit, ihre Weichheit und Verletzlichkeit offenbart. Das ist nichts worauf ein Mann Anspruch erheben könnte, so wie in der Vergangenheit oft Anspruch auf Körper und Seele der Frauen erhoben wurde. Dies ist ein Akt, welcher absolute Hingabe erfordert.

Es ist gewiss nicht einfach, diesen Weg zu begehen. Doch nur auf diese Weise offenbart sich ihm etwas, das er andernfalls nie über sich und die Welt erfahren könnte.

Auf diese Weise kann der Mann Zugang zu seiner eigenen weiblichen Kraft erlangen. Gleichzeitig wird er so auch erfahren, wie ein wirklich kraftvoller Mann seine Männlichkeit leben kann, ohne sich dafür über seine Frau stellen zu müssen.

Er begreift wie seine wahre Kraft von innen kommt und strahlt, mächtiger und unwiderstehlicher als jedes künstlich aufgebauschte Tarnmanöver.

Der männlichen Kraft wohnt der <Krieger> inne. Der <Krieger> ist zum jetzigen Zeitpunkt in vielen Männern verwirrt und orientierungslos. Er lässt sich daher leicht manipulieren und in gewisse Richtungen lenken.

Die Begegnung mit der wahren weiblichen Kraft scheint zunächst alles durcheinander zu bringen. In Wahrheit jedoch macht sie nur die Verwirrung sichtbar, welche schon so lange vorhanden ist und der Gewohnheit wegen nicht mehr bemerkt wurde. So muss zunächst alles durcheinander kommen, um anschließend wieder neu geordnet werden zu können.

Ein <Krieger>, welcher die weibliche Kraft anerkennt weiß, wann und wofür und es sich zu kämpfen lohnt und wofür nicht.

Auf diesem Pfad seiner Einweihung wird der Mann zum <Helden>. <Der Held> ist ebenfalls Teil seiner männlichen Kraft. Zu ihm wird er, wenn er den Mut aufbringt, sich dem Leben völlig anzuvertrauen und ins Ungewisse zu springen. Er muss bereits sein sich allem zu stellen, komme was da wolle.

Dieser Pfad wird ihn zum alleinigen Herrscher über sein ureigenes Seelenreich erheben. Alle vorherigen falschen Herrschaftsanwärter werden enttarnt und ihres Machtanspruches entledigt. Nur wer unumstrittener <König> im eigenen Seelenreich ist, kann ein wahrhaft selbst bestimmtes Leben führen.

All dies wird ihm durch die Begegnung mit jener einen Frau ermöglicht, welcher er vielleicht nur durch einen scheinbaren Zufall über den Weg gelaufen war. Diese Frau wollte er vermutlich sogar eine gewisse Zeit lang lieber loswerden, da sie sein bisheriges Leben so völlig in Frage stellte und durcheinander brachte.

Doch der Pfad seiner Einweihung beginnt an dem Punkt, an welchem alle Einweihungen beginnen. Sobald ein

Mann annimmt, was ihm das Leben zeigen möchte, beginnt er in die Mysterien des Lebens einzutauchen.

In der gegenseitigen Begegnung hat er die einzigartige Möglichkeit zu erfahren, wie er seine Frau unterstützen kann. Seine Frau wird ihn, ob seiner erwachenden Männlichkeit zutiefst respektieren und schätzen. Sie weiß, dass dieser Mann für sie nicht austauschbar ist. Für ein gemeinsames Miteinander, geprägt von Achtung und Respekt anstelle von Unterwerfung, Besitzansprüchen oder Machtkämpfen, wird so der Same gelegt.

Die männliche Kraft als gebende, schützende, starke Unterstützung trifft so auf die weibliche Kraft, welche der sensible, empfangende Teil dieser tiefen Beziehung ist. Empfänglichkeit aber verlangt einen hohen Preis, denn sie führt über Verletzlichkeit. Einem Mann muss bewusst sein, dass er wahre Empfänglichkeit niemals erzwingen oder einfordern kann.

Echte Begegnung erfordert von der Frau sich ihren verletzlichen Anteilen zu stellen. Sie wird ihren Weg so gehen, wie sie ihn gehen muss. Eile und Druck haben hier keinen Platz. Geduld und Hingabe braucht es von beiden Seiten, damit das nötige Vertrauen wachsen kann.

In ihrer Vereinigung werden sie etwas über den anderen wie über sich selbst erfahren, was beide wahrhaft bereichern wird. Hier wird der Schatz gelüftet, nach welchem sich instinktiv so viele Menschen sehnen.

Wer aber kein wirklich ernsthaftes Interesse hat, diesen Pfad zu beschreiten, wird nicht weit kommen. Wahrhaftes Interesse, Neugier, Forschergeist sowie der Mut, sich Unbekanntem zu stellen und die eigenen Grenzen zu sprengen sind Grundvoraussetzungen für beide!

Der Garten der Beziehung

Es ist eine gute Idee, dem Raum in welchem Beziehung stattfindet ein Symbol zu geben. Das Symbol des Gartens eignet sich hervorragend, da es die Notwenigkeit von Liebe, Pflege und Hinwendung ausdrückt. Bei liebevoller Behandlung, vermag eine Liebensbeziehung eine reiche Blütenpracht hervorzubringen, welche alle erfreut und bereichert. Oder aber, im ungünstigen Fall, entwickelt sich dieser Garten zu einem verdorrten Fleckchen Erde.

Der Garten der Beziehung ist in drei Bereiche aufgeteilt. Beide Partner betreten ihn von gegenüber liegenden Seiten aus. Wollen sie in den mittleren, gemeinsame, Gartenbereich gelangen, müssen sie zuerst ihren eigenen Bereich durchwandern und mit Leben erfüllen. Der jeweils eigene Gartenbereich ist für den Partner unzugänglich. Jeder ist selbst dafür zuständig, sich gut um ihn zu kümmern. Dieser Bereich verlangt zuallererst, Verantwortung für sich selbst zu übernehmen. Kümmert sich ein Partner schlecht oder gar nicht um den eigenen Bereich, erlernt er nicht was dieser braucht und was ihm gut tut. In diesem Fall werden die notwendigen Fähigkeiten nicht erworben, sich um den gemeinsamen Bereich gut kümmern zu können. Der eigene Gartenbereich ist die wichtigste Voraussetzung dafür, im gemeinsamen Bereich gut miteinander umzugehen.

Das Symbol des Gartens beinhaltet einige zusätzliche wichtige Informationen:
Frau und Mann müssen akzeptieren, dass es individuelle Räume des Partners gibt, zu welchen sie selbst nicht unumschränkt zutritt haben. Sie müssen ihrem Partner zugestehen, sich um seinen Bereich auf seine Weise zu kümmern. Ist und bleibt ein Bereich unterversorgt, droht er zu

verdorren. Darunter wird das Beziehungsgefüge letztlich immer leiden und womöglich zerbrechen.

Neid, Eifersucht und Misstrauen bilden keine gute Grundlange, möchte man den notwendigen Raum schaffen, in welchem der Partner sich gut um seinen eigenen Garten kümmern kann. Vertrauen und echtes Wissen kann ausschließlich durch den respektvollen Umgang mit dem eigenen Gartenbereich und im Umgang mit den eigenen Tiefen erarbeitet werden. Nur so wächst Verständnis, das beide brauchen um wachsen zu können. Nur auf diese Weise entsteht ein prachtvoll blühender, gemeinsamer Bereich.

Blieb der eigene Gartenbereich bislang unterversorgt oder gar ignoriert, so wird es seine Zeit dauern bis Neues zu sprießen und zu blühen beginnt. Doch hierfür ist es nie zu spät. Wenn es allerdings so weit gekommen ist, müssen beide Partner Hingabe und Geduld aufbringen.

Das ist Teil einer weiteren Einweihung in die Tiefen des Seins. Jeder eigene Gartenbereich steht als Symbol für die Ausdrucksfähigkeit der eigenen Seele.

Die Gartenbereiche nur weniger Menschen sind jetzt bereits von Unkraut befreit, gut versorgt und stehen in ihrer vollen Blütenpracht. Das muss erst erarbeitet werden. Beispiele für Unkraut sind unter anderem einschränkende, hierarchische Strukturen. Oft müssen Frauen auch in die Tiefe hinab graben um frei zu legen, was ihre Wurzeln bislang vergiftete. Einweihungspfade müssen beschritten werden, damit fruchtbarer Boden für neue Blüte und Vielfalt bereitet wird. Ist der Weg bereitet und die Aussaat erfolgt, nimmt die Natur ihren Lauf. Jetzt gilt es mehr geschehen zu lassen. Auf diese Weise wird dem natürlichen Verlauf der Dinge wieder jener Raum zugesprochen, nach dem die Seele schon so lang ruft.

Beide Partner müssen erkennen, inwieweit sie in der Lage sind sich gegenseitig Raum zuzugestehen, oder ob die Angst vor Verlust oder Veränderung, diesen Prozess dauerhaft zu unterbinden sucht.

Natürlich kann keine Frau von ihrem Mann erwarten sofort freudestrahlend alles das begrüßen, was sie gerade erst für sich selbst entdecken konnte. Sie muss sich bewusst machen wie lange sie selbst brauchte, um endlich zu sich selbst und zu ihrem viel zu lange vernachlässigten Bereich zu stehen. Das Umfeld und ihr Partner brauchen ebenso Raum und Zeit, sich mit dieser neuen Situation erst einmal anzufreunden.

Liebt sie sich selbst genug, wird sie dafür einstehen, dass ihr Mann ihre Grenzen akzeptiert. Sie wird sich die Zeit nehmen, die sie braucht, um sich wieder mit sich selbst zu verbinden. Liebt ihr Mann sie genug, wird er sich mit seinen eigenen Ängsten und Zweifeln auseinander setzen, welche immer auftauchen, wenn solch gravierende Veränderungen das bisher gewohnte Gefüge gefährden. Auf diesem Weg haben beide sie Möglichkeit alte Muster zu lösen, Knoten zu entwirren, die Wurzeln zu befreien und ihrer Liebe eine neue Freiheit und bisher ungeahnte Tiefe zu eröffnen.

Nach erfolgreicher Entwirrung und dem Erblühen einer neuen Blütenpracht verlangt das Leben dennoch, sich regelmäßig die Zeit zu nehmen, sich im eigenen Garten umzusehen. Das ist unter anderem nötig, um Kraft zu tanken – zurückgezogen und völlig ungestört. Das Leben ist geprägt von Veränderungen, von Zyklen welche abgeschlossen und neu begonnen werden. Um mit ihnen fließen zu können, ist es erforderlich regelmäßig in die eigenen Tiefen einzutauchen. Dort lässt sich kein künstliches Bewässerungssystem installieren, welches von selbst Vorkehrungen trifft, um die Blütenpracht zu erhalten.

Jede Frau muss für ihren Garten sorgen. Auf welche Weise, wie oft oder lang sie das tun muss, bleibt individuell.

Bekundet ein Mann echtes Interesse am wahren Wesen einer Frau und daran, wie sie mit ihrer weiblichen Kraft umgeht, wird dies sein Einweihungspfad sein, ihr auf einer tieferen Ebene zu begegnen. Er wird dafür einige Hürden überwinden müssen. Eine noch ungebundene Frau tut gut daran, ihre Tiefen nicht sofort jedem beliebigen Mann zu offenbaren. Ernsthaftes Interesse ist Grundvoraussetzung für jedes Verständnis. Ein Mann, welcher nicht gelernt hat die richtigen Fragen zu stellen, muss sich das Fragenstellen erst einmal aneignen. Wer sich womöglich in dem Glauben wägt alle Antworten bereits zu kennen, wird eines Besseren belehrt werden. Er wird mittels seiner persönlichen Einweihung seinen Irrtum entlarven. Er bekommt hier die Möglichkeit sich selbst neu zu erfahren. Ist ein Mann dazu nicht bereit, kommt er als Partner für eine kraftvolle Frau nicht in Frage – zumindest so lange er in seiner Verweigerung und Ignoranz verharrt.

Hat eine Frau ihren Gefährten gefunden, welcher ihrer Weiblichkeit den erforderlichen Respekt entgegen bringt und welcher willens ist, seine wahre Männlichkeit zu befreien, so ist die nun folgende Aufgabe, den Gartenbereich der gemeinsamen Beziehung zu befreien und wieder fruchtbar zu machen. Auch dieser Raum muss von Unkraut und vergiftenden Elementen gereinigt werden.
Der Boden für fruchtbare Partnerschaften wurde seit langer Zeit und immer wieder neuerlich vergiftet und ausgelaugt. Daher müssen sich beide den sehr alten, tief sitzenden Beziehungsmustern vergangener Tage zuwenden, deren Erbe die Menschen bis zum heutigen Tage in sich tragen.
Nicht die Frauen und Männer der heutigen Zeit haben jene oft destruktiven Beziehungsmuster erfunden, doch

führen sie diese unbewusst fort. Sie vergiften weiterhin den Boden und somit die Grundlage für eine erfüllende Beziehung, bleiben sie unbeachtet und unerkannt.

Unabhängigkeit

Legitimation durch Männer

Unabhängigkeit ist eine wesentliche Voraussetzung, um alte Beziehungsmuster, basierend auf Unglück bringender Abhängigkeit, hinter sich lassen zu können!
Während es Kulturkreise auf der Welt gibt, in welchen Zwangsverheiratungen oder gewisse Formen der Versklavungen von Frauen noch immer alltäglich sind, leben Frauen aus westlichen Kulturen verhältnismäßig unabhängig. Doch ist echte Unabhängigkeit selten!
Frauen tragen oftmals die tiefe Überzeugung in sich, einen Mann an ihrer Seite zu brauchen. Viele meinen, nur so allgemein Anerkennung zu erhalten - Anerkennung im Freundeskreis, Anerkennung in der Familie, oder am Arbeitsplatz. An vielen Stellen wird unbewusst ein Mann benötigt, um das eigene Leben zu legitimieren.
In unserer Gesellschaft ist es keineswegs mehr ungewöhnlich, wenn Frauen allein leben. Trotzdem tratschen viele Menschen hinter vorgehaltener Hand, um so ihre Empörung oder Geringschätzung kund zu tun. Nicht selten, kommt es auch unverhohlen zu abwertenden Angriffe, oft von Seiten so genannter Freunde, aus dem familiären oder beruflichen Umfeld. Wenn eine Frau über einen längeren Zeitraum allein lebt, so scheint sie sich dafür rechtfertigen zu müssen. Es wirkt, als ob sich Frauen gute Gründe überlegen müssten, weshalb sie alleine leben. Insgeheim nagt und zehrt dies in den meisten Frauen.

Viele fühlen sich minderwertig oder schämen sich womöglich, weil sie sind wie sie sind.

Wie viele Beziehungen werden nur deshalb eingegangen, weil Frauen sich diesem äußeren Druck nicht aussetzen wollen und sich hierfür nicht stark genug fühlen?

Wie viele unglückliche Beziehungen werden nur deshalb eingegangen, weil das Alleinsein etwas ist, wofür sich eine Frau schämt?

Die Folgen sind enorm – für alle Beteiligten, welche in ein solch unsägliches Spiel verstrickt sind.

Wie groß ist die Tragik der Seele, die keinerlei Mitspracherecht hat, weil eine Frau sich nicht die Zeit nimmt, auf einen Mann zu warten, dessen Seele mit ihrer im Einklang schwingt.

Diese überkommenen Vorstellungen sind keine Erfindung der heutigen Zeit, wenn auch einzelne Ausprägungen und Details ihre Erscheinungsform verändert haben.

Viel mehr sind auch sie Erinnerungen und Überbleibsel vergangener Epochen. All das befindet sich noch tief eingeprägt in den Zellerinnerungen der Menschen. Es ist unser Erbe, welches erkannt und erlöst werden muss, wollen wir der weiblichen Kraft wieder dazu verhelfen sich frei und klar ausdrücken zu dürfen, wollen wir endlich eine befreite Weiblichkeit leben.

Alle diese unerlösten Faktoren beeinträchtigen den Energiefluss und schwächen, sodass Körper und Seele letztlich erkranken.

Es gehört immer noch eine Menge Mut dazu, sich als Frau nicht auf die nächstbeste Beziehung mit einem Mann einzulassen. Hierfür muss sie Stärke zeigen. Sie muss sich den offenkundigen oder heimlichen Vorwürfen anderer aussetzen, welche ihr womöglich unterstellen sie wäre nicht hübsch oder liebenswert genug, zu wenig anpassungsfähig, oder einfach merkwürdig. Glaubt man jenen eigenartigen Vorstellungen, so wird eine Frau nur dann für vollwertig und akzeptable gehalten, sofern sie einen Mann an ihrer Seite vorweisen kann.

Unter diesen Umständen aber wird nicht nur die wahre Weiblichkeit, sondern auch die wahre Liebe zwischen Mann und Frau verraten.

Die Beziehung wird zum Zwecke der Selbstdarstellung ihrer Ursprünglichkeit und natürlichen Kraft völlig beraubt.

Diese Tragik wird bereits in jungen Jahren grundgelegt. In dieser Zeit kann noch kein Mädchen wissen, wie sie als kraftvolle Frau gemeint ist. In der westlichen Gesellschaft erfährt sie auch kaum etwas darüber. Während die ersten Erfahrungen mit Liebe und Partnerschaft gemacht werden, passiert meist bereits eine Entfremdung zu wahrer Liebe und wie diese wirklich gemeint ist.

Hier dienen Beziehungen oft als Statussymbole, welche über Anerkennung oder Ablehnung in einer Gruppe entscheiden. Dabei ist dies eine Phase, in welcher junge Mädchen sich mehr mit sich selbst befassen müssten. Ihr Körper, ihre Gefühle, ihre Selbstwahrnehmung verändern sich enorm. Ein junges Mädchen kann in einer solchen Phase nicht wissen was ihr wirklich gut tut. Sie muss Erfahrungen sammeln, sich auszuprobieren, um dieses neue Terrain zu erforschen. Natürlicherweise erwacht in dieser Zeit ihr Interesse am anderen Geschlecht. Leider verkommt die natürliche und neugierige Annäherung häufig zu einer Jagd nach Anerkennung, nach einer Möglichkeit sich zu präsentieren. Viele junge Mädchen erfahren dies sogar als Notwendigkeit, um in einer Gesellschaft anerkannt zu werden in welcher es so wichtig genommen wird, sich zu präsentieren und Rollen zu verkörpern anstatt einfach zu sein. Das Ursprüngliche und Natürliche wird so kontrolliert und eingezwängt. Bereits hier wird eine Beziehung und Liebe Mittel zum Zweck.

Die Seele interessiert sich nicht für solch künstlich erzeugte Gebilde oder Selbstdarstellung. Diese basieren ohnehin nur auf äußerst kurzlebige Zeiterscheinungen, verglichen mit der Ewigkeit der Seele.

Doch all das gehört zum Leben. Fehler müssen gemacht werden. Doch darf nicht verabsäumt werden die einstigen Irrtümer später zu entlarven. Äußerst schädlich wäre es, solche Irrtümer immer wieder zu verifizieren. Um eine kraftvolle, selbst bestimmte Frau zu werden muss sie all dem beherzt und mutig ins Auge schauen.
Ein wichtiger Schritt der Loslösung, bringt die vermeintlichen Vorteile eines solchen Gefängnisses zum Vorschein. Bleiben diese im Verborgenen, werden sie weder angesehen noch erkannt, bleibt eine Frau genau dort, wo sie jetzt ist stecken. Es sind letztlich nicht die anderen, welche sie in ihrem unsichtbaren Gefängnis wirklich halten könnten. Die Frau ist es selbst, da sie noch nicht erkennen konnten wo ihr dieses Gefängnis wie eine vorteilhaftere oder bequemere Lösung erscheint.
Sie muss sich in sich selber fallen lassen und sich all den Dingen stellen, welche sie einst vermeiden wollte. Sie muss ihre Sucht und ihr Streben nach Liebe und Anerkennung entlarven.
Die Seele muss wieder gehört werden, will die Frau endlich aus diesem Teufelskreis ausbrechen, der sie immer schwächer, ausgelaugter, leerer und unzufriedener macht.

Die Frau muss lernen, wirklich und wahrhaftig auf eigenen Beinen zu stehen. Sonst findet sie weder ihren wahren Platz im Leben, noch ihren wahren Gefährten.
Die vergangenen Jahrhunderte machten Frauen zu Verkrüppelten, beraubt ihrer Kraft und Eigenständigkeit. Daher brauchten sie Männer als Krücke. Liebe selbst spielte eine untergeordnete Rolle. In erster Linie waren es

immer wirtschaftliche oder gesellschaftliche Gründe die eine Ehe ermöglichten, erzwangen oder verhinderten.
So muss eine Frau sich ihre Unabhängigkeit erst zurückerobern.

Nur die mutigsten Frauen werden diese Schritte wagen. Nur die mutigsten Männer werden es mit ansehen können, wenn ihre Frauen sich für eine Weile zurückziehen oder wenn sich in ihrer bisherigen Beziehung der Tod bemerkbar macht.

Ein außerordentlich wichtiger Schritt für eine Frau ist, die Angst vor dem Ausgestoßensein zu verlieren.
Zu Außenseitern werden jene, welche den gängigen Vorgaben nicht entsprechen. Vielleicht entsprechen sie dem üblichen Schönheitsideal nicht, oder sie unterwerfen sich dem allgemeinen Diktat einfach nicht.
Manchen von ihnen misslingt es, ihre Seele zum Schweigen zu bringen. Ihr Seelenklang verstummt nicht. Er teilt ihnen beständig mit, dass sie mit dem was sie hier vorfinden anders umzugehen haben.
Für jede unabhängige Frau ist es wichtig, sich nicht länger den heimlichen Diktaten anderer zu unterwerfen. Wer aus diesem Konstrukt nicht aussteigt, bleibt immer von jenen bestimmt, die sie aufstellten. Nur durch einen bewussten Ausstieg, kann die wahre Kraft zurückkehren, welche eine Frau in sich stark und unabhängig werden lässt.

Es gab und gibt auch immer jene, die sich den gängigen Nomen nicht anpassten. Diesen Weg zu nehmen ist keineswegs leicht. Der Preis ist hoch. Er bedeutet ein Stück weit Isolation, Einsamkeit, Abwehr durch andere und den Entzug von Anerkennung. Die Spannung kann mitunter wirklich hoch werden, sofern all das in einen Kampf mit einer feindlich gesinnten Umgebung mündet.

Längerfristig gesehen haben es Außenseiter meist trotzdem besser getroffen. Es erfordert Mut und Stärke zu sich selbst zu stehen, auch wenn die Schmerzen mitunter groß sind. Diese Stärke wird auf diese Weise geschult.

Niemand möchte gern alleine sein. Innerlich sehnt sich jeder Mensch nach Zuneigung und Liebe. Doch hat der sehr früh einsetzende Seelenraub dazu geführt, dass viele bereits nicht mehr zu unterscheiden wissen, was ihrer Seele tatsächlich dienlich ist. Sie erkennen den faulen Tauschhandel nicht, welcher innerlich nur noch ärmer, leerer und abhängiger macht. Zuneigung und Liebe auf diesem Wege zu erlangen ist trügerisch. Die Seele weiß das!

Doch sind sich die Außenseiter der vergangenen Tage selten bewusst, welch großen Dienst ihre Seele ihnen einst erwiesen hat. Viele von ihnen versuchen ihre einst erlittenen Wunden zu heilen, indem sie immer noch den Dingen hinterher rennen, welche ihnen in früheren Tagen verwehrt geblieben waren. Womöglich sind sie heute fast manisch auf der Suche nach Anerkennung. Nach jedem Fehlschlag wird noch härter gearbeitet, weil aufgeben nicht geht.

Hinterfragen aber schafft Befreiung. Befreiend kann es auch sein, sich den Preis anzusehen, den die einst so Beliebten, die bewunderten Stars der Jugend zu bezahlen hatten und noch immer bezahlen.

Im Gegensatz zu den Außenseitern erlebten sie Anerkennung und Gemeinschaft in einer anderen Form. Bewunderung und Zuspruch von außen wurde in vielen Fällen zu ihrer Droge. Dieses äußerliche Lob ist heuchlerisch, trügerisch, sogar gefährlich. Es gaukelt den Betroffenen vor, alles richtig zu machen. Es verlangt aber gleichzeitig, keinesfalls etwas in Frage zu stellen, da sonst der schöne Schein sofort zerfiele. Lob wird zur Manipulation eingesetzt. Trotzdem wird die Seelenfeindlichkeit womöglich mit Freuden besiegelt.

Tief im Inneren aber, macht sich eine Wahrheit breit welche so gar nicht zu dem äußeren Schein passen will. Alles scheint wundervoll zu sein und doch will dieses innerlich nagende Gefühl einfach nicht weichen.

Eines Tages aber wird etwas geschehen. Jenes Gefüge wird zerreißen. Der Fall aus trügerischer Schein-Beliebtheit geht immer unglaublich schnell vonstatten. Mit einem Schlag fühlt sich die Frau wieder wie ein kleines Mädchen, welches nun alles verloren hat wovon sie dachte es wäre von Wert. Noch hat sie nicht gelernt wahre Werte von heuchlerischen Scheinwerten zu unterscheiden.

Trotzdem ist dieser Tag ihr Glückstag! Ihr Leben offenbart ihr auf seine Weise, wie sehr sie sich von ihrem wahren Seelenleben entfernt hat.

Bisher hat sie nicht gelernt zu unterscheiden, wer wahrhaft zu ihr gehört und wer äußerlich nur so tut, als ob es das täte. Die Entfremdung ist weit fortgeschritten. Das äußerlich schöne Schein-Leben vermochte mit seinem hübsch glitzernden Verband erfolgreich zu blenden. Er täuschte über tief geschlagene Wunden und Selbstverrat hinweg. Diese Frau glaubte sich sicher in einem oberflächlichen Wohlgefühl. Wie sehr ihre Seele und wahre Weiblichkeit noch immer leiden, hört sie längst nicht mehr.

Doch an diesem Glückstag tritt die Wende ein, auch wenn zunächst all der blendende Schein in sich zusammenbrechen muss.

Schließlich wird die Kraft der Seele wieder hervorbrechen. Sie will endlich aus ihrem Gefängnis entlassen werden und bahnt sich ihren Weg.

Viele Frauen fühlen sich nicht stark genug, all dem zu begegnen. Sie halten sich für das „schwache Geschlecht".
Doch jede Frau, welche sich auf den Weg begab und ihrer Angst ins Auge sah, erfuhr, wie all jene einst dunklen, angsterfüllten Aspekte sich auflösten.
Diese Erfahrung ist von unschätzbarem Wert. Entweder verbrennen diese Aspekte zu Asche oder aber sie zeigen nun ihr wahres lichtvolles Antlitz. Auf diese Weise kommt immer die wahre Qualität hinter den Masken zum Vorschein.

Geht eine Frau diesen Weg, komme was da wolle, findet sie zu einer noch tieferen Verbindung mit ihrer wahren Kraft. Die kraftvolle Weiblichkeit ist nichts für Feiglinge, welche sie und was sie zutage bringt fürchten.
Die Angst vor der eigenen Kraft und Stärke mag für viele Frauen ebenfalls ein Hindernis darstellen, welches auf diesem Pfad der Einweihung genommen werden muss.

Der Pfad der Einweihung

Diesen Pfad der Einweihung betritt eine auf sich allein gestellte, ausgestoßene Frau kaum je bewusst. Vielmehr wird sie durch ihre scheinbare Unzulänglichkeit oder Blauäugigkeit ein Stück des Weges weit gestoßen. So weiß sie zunächst nicht wie ihr geschieht. Sie mag verwirrt und voller blauer Flecken sein.
Gewiss hätte sie diesen Weg absichtlich nie betreten. Doch war es ihr Schicksal dorthin geworfen zu werden. Bei manchen Frauen geschieht dies früh, bei manch anderen später. Der Zeitpunkt wird allein vom Leben bestimmt. Doch geschieht es immer dann, sobald eine Frau in ihrem Inneren genügen Stärke gesammelt hat, diesen Weg auch zu bestehen.

Wirklich bewusst wird dieser Pfad der Einweihung erst begangen, wenn die Frau sich seiner tiefen Bedeutung für ihr Leben klar wird. Ihre wirkliche Einweihung beginnt, sobald sie beschließt anzunehmen was sie vorfindet.

Sie muss bereit sein ihre einst erworbenen Wunden und Narben zu heilen. Gleichzeitig muss sie aufhören allem hinterher zu jagen, was ihr scheinbar versagt geblieben war. Sie muss erkennen, dass es kein Zurück gibt. Sie muss begreifen, dass die Anerkennung, welcher sie womöglich schon so lange hinterher hechelte, nicht das ist, was sie wirklich braucht.

Daher ist es nötig, dass sie all das annimmt und sich ihrem Leben stellt. Verharrt sie in ihrer gewohnten Position - ständig um einst verwehrte Anerkennung kämpfend oder sich beklagend - bleibt sie auf ihrem Pfad schon nach wenigen Metern stecken. Nie würde sie erfahren, was es dort zu entdecken gibt.

Doch gibt das Leben nicht nach. So wird sie eines Tages den Entschluss fassen anzunehmen was sie vorfindet.

Jetzt kann das beginnen, was eine kraftvolle Frau in sich entwickeln muss: Auf sich allein gestellt, muss sie nun sehen, wozu sie fähig ist. Sie muss frei legen, was aus ihrer Tiefe erwachsen kann. Kreativität wird jetzt entfesselt.

Eine wahre kraftvolle Frau lebt kein Leben, in welchem sie blind Normen und Vorstellungen anderer übernimmt. Noch weniger begeht sie den Fehler, dies mit Liebe oder Wahrhaftigkeit zu verwechseln.

Sie macht sich auf die Reise zu sich selbst, ihrem wahren Kern, ihrem Potenzial.

Die kraftvolle Frau ist mit unglaublich viel wahrem Wissen und wundervoller Kreativität beschenkt. Aus ihr strömt eine Fülle, die niemals versiegt, wie auch der Strom des Lebens nie versiegt.

Nun endlich nimmt sie ihre alten Wunden und Schmerzen an. Damit ihre Heilung abgeschlossen werden kann, muss sie sich mit ihrem Lebensweg, welcher sie an all diese Orte führte, aussöhnen. Nur so kommt sie vorwärts.

Sie war bereits zu Beginn dieses Pfades bereits dazu gezwungen, enorme Kraft in sich zu entwickeln. Sie musste ganz für sich allein einstehen, während andere sie verlacht oder weggestoßen hatten. Damals lernte sie was sie jetzt braucht. Darauf kann sie nun bauen und sich ihrer inneren Stärke bewusster werden.
In dieser Phase entwickelt sie die Stärke einer <Kriegerin>. Als <Kriegerin> ist es ihre Aufgabe zu jedem Zeitpunkt für sich selbst einzustehen. Ihren kriegerischen Aspekt lernt sie nun bewusst zu erkennen und einzusetzen. Sie darf auch den offenen Kampf und die damit einhergehende Reibung nicht scheuen. Sie muss auch zu unterscheiden lernen, welcher Kampf von Bedeutung ist und welcher unwichtig. Ein wichtiger Kampf wird sie stärken und befreien. Unwichtige Kämpfe, welche gar nicht die ihren sind, werden sie schwächen und verstricken.

Sie wird entlarven, wie brüchig und vergänglich das Gefüge derer ist, welche sich in die Abhängigkeit begaben und welche sich um der Anerkennung willen selbst verraten. Je weiter sie vordringt und alles auseinander nimmt, desto mehr Mut verlangt das Leben von ihr, sich den notwendigen Konsequenzen zu stellen. Sie muss ihre bisherigen Grenzen immer wieder überschreiten und sich in neue Gefilde vorwagen. So wird sie zur <Heldin>.
Dabei wird sie immer stärker und unabhängiger. Klar und deutlich sieht sie nun wie trügerisch der Beifall anderer ist. Sie erkennt auch wie dieser bewusst manipulierend eingesetzt wird.

Sie selbst wird unabhängig von Schnelllebigkeit und Lob-
gesang, denn sie blickt hinter den Schleier. Gleichzeitig
verliert sie mehr und mehr das Interesse an diesen Dingen. Sie weiß um ihre Kraft und Stärke und vertraut ihrer
Seele als Führerin.
Was mit Schrecken und Schmerzen begann, führte sie in
die Freiheit. Vereint mit dem Klang ihrer Seele, erforscht
sie ihren Weg des Lebens welcher ihr so unglaublich viel
zu erzählen vermag, sobald sie beginnt sich hinzugeben
und anzunehmen.

Die erstarkende Frau wird eine Weile auf sich allein gestellt bleiben müssen. Nur so kann sie ihre innere Kraft
entfalten und zum Strahlen bringen. Würde sie sich erneut von der Anerkennung oder scheinbarer Unterstützung anderer abhängig machen, bliebe sie auf ihrer Reise
stecken. Eine innerlich starke Frau, welche ihre Angepasstheit aufgegeben hat, wird ohnehin nicht überall mit
Beifall beklatscht werden.
Jetzt aber ist es ihre Aufgabe sich selbst neu zu entdecken.
Sie muss begreifen, wie sie in ihrer wahren Natur ist.
Um dies zu können, braucht sie Zeit nur für sich selbst.
Sie wird auch jetzt noch mit jenen konfrontiert werden,
welche erneut Anpassung einfordern wollen. Doch weiß
sie bereits so viel mehr über ihre wahre Natur. Sie ver-
steht es, die Zeichen zu entschlüsseln. So hat sie bereits
verstanden, dass ihr Bestes dadurch zum Vorschein
kommt, indem sie selbst sich äußerlichen Vorgaben wi-
dersetzt.
Wie ein Diamant welcher noch geschliffen werden muss,
braucht sie jetzt alles was ihr natürlicherweise von ihrem
Leben zugetragen wird. Mittlerweile weiß sie, wie sie
Herausforderungen begegnen kann.
Sie nimmt alle Gefühle an - all die Wut, den Ärger, all die
Scham, all die alten Verletzungen welche der weiblichen
Seele angetan wurden. Sie nimmt den heimlichen Selbst-

hass an, welcher sich schon so tief gegraben hatte, sodass er kaum mehr wahrgenommen werden konnte. Sie weint die Tränen, welche noch nie geweint wurden. Sie respektiert ihre Wut, welche dem einst braven Mädchen aberzogen wurde.

Längst ist sie nicht mehr nur lieb und nett, sondern angemessen und klar. Sie kann hinter die Masken blicken und wählen, wie sie den wahren Gesichtern begegnet.

Dabei ist sie keineswegs eine Egoistin, die nur eigene Vorteile im Visier hätte. Tatsächlich wird sie immer sensibler und weicher. Sie ist bereits dabei, wahrer Liebe, und Verbundenheit zur Geburt zu verhelfen.

Wenn die Phase des Alleinseinmüssens zu Ende geht, wird sie erkennen, wie wenig Unterstützung sie auf ihrem bisherigen Weg erfahren hat. Sie wird rückblickend dankbar sein, dass die Stimmen jener, die sie gängeln und manipulieren wollten an Kraft verloren haben. Doch es kommt der Tag an welchem der Wunsch stärker wird jene zu finden, welche ihr wahres Wesen verstehen, welche die Fähigkeit haben sie zu sehen wie sie wahrhaft ist.

Die Suche nach ihrem Rudel und ihrem wahren Gefährten beginnt.

Die Suche nach dem Gefährten

Gefährten besitzen die Gabe in die Seele zu blicken und in ungeahnter Weise wirklich zu berühren. Die Frau wirklich anzublicken heißt, ihre Seele verstehen zu wollen. Es bedeutet etwas darüber erfahren zu wollen, was sie in sich trägt.

Einfach so wird dieses Geheimnis doch nicht offenbart. Es kann nur durch behutsames, respektvolles Annähern,

Schritt um Schritt gelüftet werden. Als wahrer Gefährte taugt nur, wer sich nicht abwendet.

Ein wahrer Gefährte muss ein tief empfundenes "Ja" aussprechen können - ein „Ja" zu allem was aus der Seele dieser einen Frau strahlt und betrachtet werden will. Das bedeutet Heilung! Viel mehr braucht eine kraftvolle Frau in ihrem Leben nicht, als unumwunden so angesehen und bejaht zu werden, wie sie ist.

Es braucht Neugier, damit sie ihre Schätze an Kreativität offenbart. Diese wird sie mit Freuden mit allen teilen, die ihr Geschenk zu würdigen wissen.

Doch muss sie sich bei der Wahl ihrer Gefährten Zeit lassen. Sie muss genau beobachten mit wem sie es zu tun hat. Trifft sie die falsche Wahl wird sie sich bald wieder ausgestoßen fühlen oder aber sie muss erneut feststellen, wie ihre innere Kraft und Kreativität zu schwinden beginnen.

Sie muss herausfinden, woran sie ihre wahren Gefährten erkennen kann. Sie muss einen Blick dafür entwickeln zu erkennen, wer wirklich zu ihr passt oder nicht.

Auch in dieser Phase baut sie ihre Kraft aus. Sie schult ihre Unterscheidungsfähigkeit. Immer klarer sieht sie was alles nicht zu ihr passt. Dies dauert so lange, bis sie völlige Klarheit über sich selbst hat. Dann ist sie Im Vollbesitz ihrer inneren Kraft.

Jetzt erst ist sie bereit, den Platz unter denjenigen einzunehmen, welche wahrhaft zu ihr gehören. Erst jetzt wird sie an Orte gelangen und zu Menschen geführt, welche ihr ein wahrhaftes Ankommen ermöglichen. Jetzt hat sie die Kraft, ihren nur für sie bestimmten Platz einzunehmen.

Sie weiß nun, wer sie wirklich ist wie auch um ihre persönliche Aufgabe.

Aktuelle Herausforderungen

Die weibliche Kraft fordert ihren Platz zurück. Das geschieht mit solcher Unerbittlichkeit, dass es dringend von Nöten ist, ihr das auch zuzugestehen.
Sie ist verwundet, verletzt. Zu lange wurde sie klein gehalten und verraten. Sie ist wütend. Kommt es zu einem Wutausbruch schießt sie daher gewiss manchmal über das Ziel hinaus.
Je länger versucht wird, sie unter Kontrolle zu halten, desto größer wird ihre Wut. Je länger sie klein diskutiert wird, desto mächtiger wird ihre Antwort ausfallen. Sie ist wie ein Vulkan, dessen Ausbruch nicht zu verhindern ist.
Die Fragen lauten nur noch:
Wie viel muss zerstört werden?
Wie lange dauert es noch, bis die alte Struktur ihrer Unbezähmbarkeit zum Oper fällt?

Wie in einem Druckkessel ist der innere Druck in jedem Menschen bereits immens hoch. Oftmals wird sich der Ausbruch rein innerlich als Seeleninfarkt ausdrücken. Wie viele Beziehungen oder Familien in die Brüche gehen, bleibt abzuwarten. Gewiss ist, dass die westliche Gesellschaft so wie sie jetzt ist, vor einem nicht zu leugnenden Abgrund steht. Sie wird in ihrer momentanen Form an ihrer ablehnenden Haltung wie auch ihrem Kontrollzwang zu Grunde gehen. Schon vor langer Zeit ging hier die Lebendigkeit verloren. Dieser Preis ist viel zu hoch!
Der innere Druck nimmt immer stärker zu! Geschehen wird, was geschehen muss. Die weibliche Kraft holt sich zurück was ihr von jeher zustand. Niemand wird das verhindern können. Obgleich viele offensichtliche Angriffe gestartet werden. So wird „Frau-Sein" an vielen Stellen grundsätzlich zum „Problem" erklärt.

Bis die weibliche Kraft wieder zu ihrer Blüte gekommen ist, wird noch einige Zeit vergehen. Das Bewusstsein für die Wichtigkeit wahrer Weiblichkeit muss wachsen. Die Menschen müssen begreifen, dass sie nicht nur ihre Berechtigung hat, sondern dass auf sie, in ihrer wahren, bislang kaum anerkannten Qualität, nicht verzichtet werden kann.

Die Verantwortung liegt insbesondere bei den heute lebenden Frauen. Nur sie können diesen Weg ebnen, indem sie den Hochverrat an der weiblichen Kraft erkennen und sich entziehen.

Erst wenn eine Frau ihre ganze Kraft und Stärke zeigen kann und sie den Respekt, welcher ihr zusteht einzufordern weiß, können weibliche und männliche Kraft miteinander in Harmonie kommen. Bis dahin wird es zu vielen Kämpfen um Dominanz und Macht kommen.

Es braucht mutige Frauen, welche sich ihrer weiblichen Kraft öffnen, anstatt es vielen Männern gleich zu tun und sie abzulehnen. Es braucht innere Akzeptanz und den absoluten Respekt vor der weiblichen Kraft. Erst dann kann eine Annäherung stattfinden.

Frauen, welche darauf warten, dass durch ihre Männer oder irgendjemanden anderen dieser Dienst erledigt würde, warten umsonst. Diese Transformation geschieht ausschließlich durch sie selbst.

Eine Frau muss begreifen, was sie in Wahrheit ist. Sie muss mutig, zur <Kriegerin> und <Heldin> werden. Sie muss ihre innewohnende, tiefe Weisheit entdecken, welche es ihr ermöglicht zu unterscheiden und welche sie über ihre bisherigen Grenzen hinaus zu führen vermag.

Männer müssen ihre Frauen unterstützen, wollen sie ihnen auf diesem Weg folgen. Auch sie müssen sich ihrer weiblichen Kraft zuwenden. Männer bekunden ihren Respekt, wenn sie ihren Frauen Raum geben, sich aber den-

noch nicht abwenden. Ein Mann, welcher diese Entdeckungsreise nicht nur erzwungener maßen toleriert, sondern sich diesen Dingen mit Anerkennung, Neugier aber
respektvoller Zurückhaltung öffnet, ist von unschätzbarem Wert.
Doch werden Frauen zunächst ihren Weg allein antreten
müssen. Sind sie ein Stück des Weges weit gekommen
sich selbst neu zu erfahren, eröffnen sie ihren Männern
die Möglichkeit ihnen zu folgen.

Die Angst vor der unabhängigen Frau

Gewiss fürchten sich viele Männer insgeheim vor unabhängigen Frauen. Doch erschreckend viele Frauen fürchten ihre Unabhängigkeit mindestens ebenso.
Es werden aber Zeiten kommen, in welchen Männer abhängige Frauen viel mehr fürchten werden!

Unabhängigkeit bedeutet Eigenverantwortung. Sie bedeutet zu wissen wer man ist. Sie erfordert, sich selbst
und seinen eigenen Tiefen begegnen zu können.
Der Weg wahrer Weiblichkeit führt immer in die Unabhängigkeit. Dieser Weg kann nicht beginnen, solange eine
Frau sich unbewusst für Abhängigkeit entscheidet. Das
Festhalten an alten Gewohnheiten hindert viele Frauen
daran, auf ihrem Weg voran zu kommen.
Hinter Abhängigkeit verbirgt sich immer Angst. Wird
erfolgreich versucht, den Partner unter Kontrolle zu halten, so bleibt diese verborgene Angst vordergründig be-
ruhigt. In diesem Fall wird von beiden Seiten ein Rollen-
spiel aufrechterhalten. Viele Männer wie Frauen mögen
sich hier auf den ersten Blick einigermaßen wohl fühlen.
Eine abhängige Frau an seiner Seite zu wissen, von welcher ein Mann glaubt, sie würde ihn weder betrügen noch
verlassen, nährt ein irrtümliches Sicherheitsdenken. Ge-

wiss macht sich hier das Gefühl von Macht und Dominanz breit. Diese gefühlte Dominanz könnte solch ein Mann bei einer unabhängigen Frau niemals erleben. Die Tatsache, dass der betreffende Mann dieses Gefühl von Dominanz und Sicherheit sucht, zeugt davon, wie wenig er sich seiner wahren Stärke und seines wahren Wertes bewusst ist. Eine Frau, welche sich in Abhängigkeit zu ihrem Mann befindet, sucht auf diese Weise ihren verborgenen Ängste sowie ihrem Mangeldenken zu entfliehen. Beide Partner fühlen sich so viel kleiner als sie sind!

Die Auswirkungen auf die Liebe sind katastrophal! Tatsächlich führt dieser fatale Irrtum die Liebesbeziehung in eine Sackgasse, aus welcher es kein Entrinnen gibt. Die Liebe verabschiedet sich. Langsam schleicht sie sich davon und hinterlässt nichts als Leere. Die Beziehung wird zu einem Ort der lauten oder stummen Vorwürfe. Die Seelen schreien, doch niemand hört sie. Zwei Seelen sind gemeinsam mehr alleine als je zuvor. Eine gewaltige Depression breitet sich in der Tiefe aus. Übrig bleibt eine leere Hülle - Schein ohne wahren Gehalt, ohne Lebendigkeit, ohne Tiefe. In der gefürchteten Tiefe ist nur das Grauen zu finden, welchem beide schon so lange zu entfliehen suchen. Dieser schreckliche Zustand bleibt bestehen, so lange dieser offensichtliche Verfall geleugnet bleibt.

Wie unendlich heilsam ist es, wenn erkannt wird, was tatsächlich vor sich geht! Nun kann endlich der Pfad beginnen, welcher die Lebendigkeit zurück bringen wird. Er wird die Seelen aus ihrer Verbannung befreien. Vielleicht vermag er sogar die Liebe zu retten!

Die Liebe braucht Veränderung. Wahre Liebe drückt sich in derselben Weise aus, wie das Leben selbst. Das Leben besteht unwiderruflich aus den Zyklen von Geburt - Tod -

Wiedergeburt. Wird der Liebe der Ausdruck dieser Zyklen aberkannt, geht sie elendiglich zugrunde. Dabei spielen weder vordergründige Motivationen noch moralische Vorstellungen eine Rolle.

Männer, welche ihrer Frau zugestehen unabhängig zu sein, erlauben sich gleichzeitig selbst ihr Mann-Sein voll zu entfalten. Abhängigkeit bedingt sich gegenseitig und findet niemals nur auf einer Seite statt.
Wollen Männer ihre wahre Männlichkeit voll entfalten, so können sie das nur mit einer unabhängigen Frau an ihrer Seite. Besteht die Partnerin hingegen auf ihre Abhängigkeit, wird es auch für ihren Mann schwer, ihren draus resultierenden Forderungen an ihn dauerhaft gerecht zu werden.

Unabhängigkeit bedeutet Eigenständigkeit. Sie erfordert zu jeder Zeit für sich selbst gerade stehen zu können. Sie bedeutet für jede Handlungen selbst die Verantwortung zu tragen und diese nicht an einen Mann oder sonst jemanden abzuwälzen.
Um eigenständig zu werden müssen Frauen erwachsen werden. Verantwortung bedeutet Antwort auf alles zu geben, was im Leben auf sie zukommt. Eine eigenständige Frau versteckt sich nicht bei jeder Kleinigkeit hinter jemandem, von dem sie sich Zuflucht und Schutz erhofft. Sie stellt sich den Stürmen des Lebens.
Das ist keineswegs einfach oder bequem. Dieser Weg verlangt das Verlassen von Komfortzonen, Mut und Stärke, Willenskraft und Hingabe.
Viele werden ob dieser Herausforderungen so manchen Anlauf benötigen um sich schließlich weiter vor zu wagen. Eine unabhängige Frau weiß, dass sie selbst ihre Entscheidungen treffen muss. Sie ist sich bewusst, dass sie sich den daraus resultierenden Konsequenzen stellen muss.

Eine unabhängige Frau muss ihre wahren Motivationen durchschauen. Sie muss wirklich erwachsen sein wollen und voll bewusst handelnd allen Konsequenzen ins Augen sehen.

Viele Frauen erkennen zum jetzigen Zeitpunkt, wo ihnen Eigenverantwortung wie auch viele Entscheidungen einfach abgenommen wurden. Sie müssen dennoch auch erkennen, an welchen Stellen sie bereitwillig ihre Eigenverantwortung abgegeben haben.

Es ist ausreichend, wenn eine Seite dieses Szenario nicht mehr länger unterstützt. Wenn eine Frau aussteigen will, muss sie im Grunde nur aufhören ihre Eigenverantwortung abzugeben. Wenn ein Mann aussteigen will, so muss er aufhören die auf ihn übertragene Verantwortung zu übernehmen.

In einigen Lebensbereichen ist es allerdings genau umgekehrt. Frauen haben in einigen Bereichen zu viel Verantwortung für Dinge übernommen, die sie gar nicht allein tragen sollten und können. Teilbereiche betreffen die Kindererziehung dar, Bereiche des Familienmanagements, bis hin zur Beziehungspflege. Die Organisation und Verantwortung für das alltägliche, gemeinsame Leben lastet oft ausschließlich auf den Schultern der Frauen. Diese Bereiche gehören dringend unter die Lupe genommen. Hier sind es die Männer, die sich oft völlig entziehen und aus der Verantwortung stehlen.

Grundsätzlich gilt für beide sich folgenden Fragen zu öffnen:

Was von diesen, oftmals von außen herangetragenen Pflichten, ist wirklich notwendig?

Was davon dient nur dem Zweck den äußeren Anschein zu wahren?

Wie findet die Seele es, wenn sich die Partner ständig Zeit und Energie stehlen lassen?

Was wird aus welchem Grund überhaupt getan?

Wessen Vorgaben werden erfüllt?
Welchen wahren Wert hat dies?

Wichtiges muss von Unwichtigem getrennt werden. Wird das verabsäumt verliert jeder für sich beständig Energie und Lebenskraft. Die eigenen Gartenbereiche sind unterversorgt und drohen zu verdorren. Das wirkt sich immer ungünstig auf den Garten der Beziehung aus!

Auch solche Verhaltensmuster sind alt. Auch sie waren bereits Themen unserer Vorfahren. Wie alles was sehr alt ist, erfordert es seine Zeit, sich diesen Dingen zu öffnen um sie zu durchforsten.
Es ist eine wichtige Aufgabe für Frauen in der momentanen Zeit. Das gesamte Kollektiv muss von Abhängigkeitsmustern, wie auch von Überlastung durch Erfüllung von Scheinwerten befreit werden. Frauen müssen sich von dem übergroßen Druck befreien, welcher von außen an sie heran getragen wird.

Hat die Frau ein großes Maß an Eigenverantwortung zurück gewonnen, so hat das selbstverständlich Konsequenzen für die Beziehung zwischen Mann und Frau.
Viele mögen die Befürchtung hegen, dies alles führe zu Beziehungslosigkeit. Möglicherweise fürchten sie, gäbe es keine Abhängigkeiten mehr, so hätten Frau und Mann keine Bedeutung mehr für einander.
Doch die Wahrheit sieht völlig anders aus. Nur auf diese Weise kommen beide dem wahren Wesen der Liebe nahe. Nur auf diese Weise erfahren sie etwas über den wahren Schatz, welchen sie hier gefunden haben. Ein solcher Schatz ist niemals beliebig austauschbar.
Gibt es in der Beziehung Raum für gegenseitiges Wachstum, wollen sich beide Partner neu begegnen, neu erfahren, so hat die Liebe eine wunderbare Chance. Die Liebe

wird tiefer. Sie kann freier fließen und wird kraftvoller. Sie braucht die Abhängigkeitsstrukturen nicht mehr.

Wo echte wahre Begegnung stattfindet entsteht Seelentiefe. Seelentiefe ist, wonach sich jeder Mensch innerlich sehnt. Sie ist das kraftvollste und beständigste das ein Mensch je wirklich für sich erobern kann. Sie ist zudem völlig unabhängig von jeder äußeren, momentanen Erscheinungsform.

Verwandlung

Das alte Kleid in Fetzen, zerrissen!
Nackt und, pur, alles erspüren.
Einsamkeit und, Kälte längst vergangener Tage
holen dich und mich manchmal ein.
Die blanke Angst vor Nacktheit breitet sich aus,
ohne das einst schützend Kleid,
welches endgültig verschlissen!
Lange schon passte es kaum noch, zwickte und juckte.
Nun ist es komplett zerrissen!
Verwundbar und doch wunderbar,
frierend und doch gewärmt von Herzensfeuer!
Gestärkt von Mut, die Nacktheit zu ertragen,
jetzt, da das alte Gewand verloren!
Ehren, ansehen, lieb haben, heilen
was immer sich nun zeigt,
bis das neue Gewand sich wie von selbst gewebt:
aus Zartheit, Reinheit und Verletzlichkeit,
denn aus ihnen wird Stärke gewebt.
Aus dem Fallenlassen ins Leben,
wird der Faden des Vertrauens gesponnen.
Während Wolfsgeheule an der Seele Klang erinnert.
Neuer Stoff wird erschaffen
aus Mut und Freude, Kreativität und Stille,
aus Einkehr und Neugier, Dankbarkeit und Hingabe.
Er wird gewebt aus vielen Dingen mehr,
ein Mensch sie alle kaum begreifen noch fassen kann!
Fäden aus Hingabe und Vertrauen,
werden das neu gewebte Kleid auf ewig zusammenhalten!
Werden es flexibel machen,
bei jedem Sturm sich anzupassen,
es dehnbar machen, darin zu wachsen,
auf dass es gemeinsam mit uns wächst und reift!
Das Kleid unseres Seins,
welches nichts mehr je verbergen muss!

Die Begegnung mit dem Tod

Die Qualität einer Beziehung kann sich erst zeigen, sobald enorme Transformationsprozesse durchwandert werden. In Zeiten in welchen alles durcheinander gewirbelt wird, machen wir Bekanntschaft mit einem Furcht einflößenden Gefährten des Lebens: dem Tod.

Der Tod bedeutet keineswegs immer den physischen Tod. Es ist unumgänglicher Teil jedes Lebens, große Veränderungen zu durchwandern. So muss ein junger Mensch beispielsweise durchleben, wie eines Tages das Kind welches er eben noch war, in seiner bislang gewohnten Erscheinungsform unaufhaltsam für immer verschwindet. Dieser Transformationsprozess ist enorm. Nichts ist mehr wie vorher war: Das Selbstbild verändert sich. Der Bezug zu sich selbst sowie zur Welt ist gravierenden Veränderungen unterworfen. Der eigene Körper verändert Aussehen wie auch seine Bedürfnisse. Es gibt kein Zurück, nichts wird je wieder so sein wie zuvor!

Wir tun gut daran, das Neue willkommen zu heißen und bewusst zu begrüßen. Ebenso braucht es auch die Zeit der Verabschiedung. Verabschiedungen sind immer auch mit Trauer verbunden. Dem Tod begegnet ein Mensch oftmals nicht mit Freuden. Trauer gehört zum Leben dazu. Es ist notwendig den Abschiedsschmerz zu fühlen. Geschieht das nicht, kann das Alte nicht vollständig abgeschlossen werden.

Diese Seite des Lebens findet im westlichen Kulturkreis kaum Platz. Der Tod wird völlig an den Rand gedrängt. Er erfährt grundsätzlich nicht die Bedeutung, welche ihm naturgemäß zustehen müsste. So wird er weder als unausweichliches Ende des Lebens, noch in seiner transformierenden Kraft innerhalb des Lebens wirklich anerkannt. Die Folge ist Angst - Angst vor Veränderung,

Angst vor Verlust. Es fehlen sowohl Wissen als auch Vertrauen um die Tiefe Bedeutsamkeit der Begegnung mit dem Unausweichlichen. Es gibt kaum Bewusstheit darüber, dass ausschließlich durch große Transformation etwas Neues entstehen wird. Der Tod ist die unausweichliche Bedingung dafür, dass Neues überhaupt entstehen kann. Würde das Alte seinen Platz nicht frei geben - würde das Kind nicht eines Tages aufhören Kind zu sein - könnte sich das Leben nicht entfalten. Geburt, Tod, Wiedergeburt und Erneuerung sind Teil des Lebens. Einzig der Tod ermöglicht Leben.

Wenn der Tod unser Leben betritt, so durchwandern wir viele Ängste. Schwieriger macht das die Tatsache, dass wir von gesellschaftlichen Strukturen umgeben sind, welche dem Tod feindlich gegenüber stehen. Es wird grundsätzlich versucht ihn so weit wie möglich hinauszuzögern. Es geht sogar so weit, dass der physische Tod in vielen Bereichen als Fehler oder als unnotwenig angesehen wird. Es wird geglaubt, würden die richtigen Maßnahmen ergriffen, müsste jeder Mensch sehr alt werden. Dies wird an vielen Stellen sichtbar. Viel Energie wird darauf verwendet, für überflüssig erklärte Todesursachen aus dem Weg zu räumen.

Auf der anderen Seite mag sich kaum jemand mit wirklich alten Menschen länger als nötig befassen. Der alte Mensch findet wenig Beachtung. Er wird eher als Belastung gesehen. Einerseits kann er dem gängigen Idealbild eines funktionierenden, belastbaren Menschen nicht mehr entsprechen, andererseits erinnert er so unmittelbar an das Unausweichliche.

Die gesellschaftlichen Vorgaben sind deutlich. Insbesondere Frauen sollen sich jung und dynamisch geben. Der Alterungsprozess muss unbedingt aufhalten werden. Altersbedingte Falten oder graue Haare gelten als unattraktiv. So entstand eine Sucht nach ewiger Jugend.

Dies sind nur einige der Symptome der Verweigerung, dem Tod nahe zu kommen. Wen wundert es da, dass so viele Menschen sich vom Leben entfernten, wurde dieser so wichtige Aspekt verbannt.

Die weibliche Kraft weiß um die Unausweichlichkeit des Todes. Sie verschwendet ihre Zeit nicht damit, ihn besiegen zu wollen. Sie bleibt beständig mit ihm verbunden. Sie weiß, dass im Leben nichts Beständigkeit hat. Das Leben ist Veränderung. Es ist ein immerwährendes Wechselspiel aus Geburt-Tod-Wiedergeburt. Sich mit dem Tod zu befassen, ihn in seiner Qualität und Unausweichlichkeit zu respektieren, ist eine der natürlichsten und wichtigsten Lektionen des Lebens.

So sind natürlicherweise auch Liebesbeziehungen diesen Prozessen unterworfen. Auch hier gilt es anzuerkennen, dass nichts je bleibt wie es gerade ist.
Der einzelne Moment ist alles was wir haben. Festhalten ist unmöglich. Jeder Versuch an diesen Stellen einzugreifen führt unweigerlich zu Leid und Schmerz. Viele Menschen leiden vor sich hin, weil sie nie gelernt haben, die Dinge zu bejahen, die sie jetzt gerade vorfinden. Es ist enorm wichtig, die Dinge in ihrer momentanen Erscheinungsform zu würdigen.

Das Leben ist Zyklen unterworfen. Jeder Zyklus hat seine eigenen wichtigen Qualitäten, welche tiefe Einsichten in das Leben gewähren. Menschen, welche nur für eine Idee ihrer Zukunft leben und gewisse natürliche Erscheinungsformen des Lebens verneinen, verpassen das Leben selbst. Sie werden immer mit zwei Dingen beschäftigt sein: Vieles soll verhindert werden, während anderes bewahrt werden soll. Beides ist aus Sicht des Lebens völlig unsinnig.

Diese Art dem Leben zu begegnen lässt diese Menschen ihr echtes Leben verpassen! Sie können weder sich selbst, noch ihrem Partner je wirklich zu begegnen. Begegnung findet nie in einer perfekten Zukunft statt, sondern ausschließlich in jedem einzelnen Augenblick - wie unperfekt auch immer er erscheinen mag.

Beziehungen, welche nur auf das Wahren eines schönen Scheins ausgerichtet sind, werden zerbrechen. Sie widersetzen sich dem Leben selbst. Keine Liebe kann das überstehen. Oberflächliche Beziehungen bilden keine Basis für die Begegnung von Seelen.
Doch möglicherweise kann aus einer einst oberflächlichen Beziehung eine tiefe Beziehung erwachsen, sofern dem Tod ins Auge geschaut wird.
Wenn zwei Menschen es ertragen können, sich dem Grauen der momentanen Zerstörung zu stellen, wird der Natürlichkeit des Lebens wieder jener Raum gegeben, welchen die Liebe als fruchtbaren Boden braucht.
Es wird die Rettung für die Liebe sein! Sie wird von den alten Schemen befreit, wenn die Seele erkennt, dass sie Raum bekommt und ihr zugehört wird.

Wahre Liebe ist nichts für Feiglinge, die sich der Angst vor Verlust und Veränderung nicht zu stellen wagen. Es braucht zweifelsohne Mut, sich tief greifenden Veränderungen zu stellen, in welchen Gewohntes zu Grunde geht. Dieser Tod breitet sich im Inneren aus. Er fühlt sich nach Trauer und Verlust an. Er erzählt auch von Angst. Er spült unwiederbringlich alles hinfort, was dort schon zu lange vor sich hin modert. Eine solche Zeit fühlt sich nicht nach Freude an. Doch jemand, der sich dem Tod bereits zu stellen wagte, ihn als Teil des Lebens willkommen heißt, wird auch Freude erfühlen können. Er weiß, dass der Tod immer Erneuerung ankündigt. Er trägt das Versprechen der Wiedergeburt in sich.

Wird dieser immer wieder kehrenden Begegnung mit dem Tod Respekt, anstelle von Abwehr entgegengebracht, entsteht Frieden. Dieser Frieden mit diesem so untrennbar mit dem Leben verwobenen Aspekt, lässt die Angst vor dem Leben verschwinden. Angst vor dem Tod nährt die Angst vor dem Leben.

Was sollte ein Mensch noch fürchten, sobald er die Angst vor dem Tod verloren hat? Selbst der physische Tod, mag er auch mit Trennungsschmerzen und Trauer einhergehen, ist niemals das Ende des Lebens für die unsterbliche Seele. Vergänglich ist und bleibt einzig und allein die materielle Erscheinungsform.

Wer sich Veränderungen nicht zu stellen wagt hat, ohne dies zu bemerken, bereits alles verloren. Die Liebe durchwandert Zyklen. Wahre Liebe hält Veränderungen nicht nur aus, sie verlangt danach. Nur so kann sie wachsen und an Tiefe gewinnen. Das Vertrauen der Partner zueinander, wie auch in das Leben wird stärker. Die Seelen können sich erholen.

Wahre Liebe braucht den äußeren Schein nicht. Ihre Kraft erwächst allein aus der Tiefe. Doch dafür kann sie niemals ohne Seele sein. Je mehr der Seele zu Wachstum verholfen wird, desto stärker wird das Band der wahren Liebe.

Oberflächlicher Schein, verwechselt mit einer Idee von Liebe, wird diese Zerreißprobe nicht überstehen! Dieser Tod bedeutet das Ende für diese Beziehung.

Doch kündet dieser Tod bereits von Wiedergeburt und Erneuerung. Welch Glück für die Seele!

Eine Scheinliebe, ausgerichtet auf das Äußerliche, den Gewinn, das Bekommen und Besitzen, untergräbt die Seele. Sie untergräbt alles, was wahrhaft heilig ist.

Jede Scheinliebe wird entlarvt. Der Raum, welchen sie besetzt hielt, wird nun frei für wahre Liebe.

Versöhnung mit dem Tod

Zu Beginn dürfen die Erwartungen nicht zu hoch angesetzt werden. Gewohnten Boden zu verlassen, verunsichert Menschen grundsätzlich.

Unsicherheit geht oft mit Angst einher. Gewiss ist es nicht leicht dabei zusehen zu müssen, wie sich alles Gewohnte zu drehen und zu wandeln beginnt. Wenn über einen längeren Zeitrum hinweg, rein äußerlich betrachtet scheinbar wenig Veränderung passierte, ist die Ankündigung des Todes zunächst für alle Beteiligten ein Schreckensszenario.

Die lange Leugnung des Todes hat den Menschen beinahe auf ihn vergessen lassen. Die Erinnerung seines Versprechens an Wiedergeburt ist entschwunden. Das Vertrauen ins Leben wurde nicht geschult. Unsicherheit, gepaart mit der Unfähigkeit dieser zu begegnen, macht sich breit. Dabei kennt das wirkliche Leben Übergangsphasen. In diesen befindet sich das Alte bereits im Vergehen, doch das Neue ist noch kaum sichtbar. Dieser Herausforderung muss begegnet werden. Entwicklung von Vertrauen und die Fähigkeit loszulassen bringt Erleichterung.

Ein kontrollsüchtiger Mensch wird es hier schwer haben. In dieser Phase gibt es nicht viel was getan werden könnte. Jetzt heißt es abzuwarten, was entstehen will. Es muss ausgehalten werden, nicht zu wissen was geschehen wird, oder wohin der Weg nun führt. Kontrollzwänge wie auch Verlustängste treten jetzt unmittelbar zutage.

Verlustängste allein bedeuten nichts. Doch viele Menschen schenken ihren eignen Befürchtungen zu viel Glauben. Die Gehirne wurden mit vielen Horrorvisionen gefüttert und manipuliert. Viele Menschen kämpfen ständig gegen irgendwelche Ideen an. Sie fürchten sich vor etwas, das vielleicht geschehen könnte. Tatsächlich aber geschieht in jedem einzelnen Leben immer ausschließlich genau das, was der einzelne Mensch auch tatsächlich für

seine Entwicklung braucht. Alles andere sind Hirnge-
spinste. Wird aufgrund dieser Angst nachgegeben und
zurückgerudert, so wird der Verlust kommen. Wahrscheinlich aber mit einem völlig anderen Gesicht als be-
fürchtet. Dieser Verlust breitet sich schleichend aus. Er ist
wirklich gefährlich, denn er tötet das wahre, tiefe Empfinden wie er auch die Liebe tötet.

Es bringt den Verlust von Lebendigkeit und Echtheit, von
Wahrheit und Ursprünglichkeit, von Leidenschaft und
Tiefe.

Intimität

Wahre Intimität beginnt nicht im Bett. Sie beginnt nicht dort, wo zwei Menschen ihre Kleidungsstücke ablegen. Sie beginnt auch nicht dort, wo wir gewisse Vorstellungen übernommen haben, was Sexualität ist oder nicht ist. Menschen können Sexualität leben, ohne dabei je echte Intimität zu erleben.

Intimität bedeutet wahre Begegnung, ohne Masken, ohne das Spielen einer Rolle. Daher beginnt Intimität immer in jedem Menschen im Umgang mit sich selbst. Voraussetzung ist das Anerkennen emotionaler Höhen und Tiefen, die Begegnung mit den eigenen Abgründen und seelischen Tiefen. Niemand kann echte Intimität mit einem Partner ertragen, wenn er seine eigene Tiefe nicht wahrhaben will und sein wahres Sein vor sich selbst verbirgt.

Wir alle sind Veränderungen unterworfen. Veränderung ist der selbstverständlichste Vorgang unseres Lebens. So sind wir heute längst nicht mehr so, wie wir noch vor wenigen Jahren waren. Viele Menschen haben das aber nicht bemerkt. Sie versuchen noch immer die gleiche Arbeit zu tun. Sie verbringen noch immer ihre Zeit mit denselben Dingen. Sie wundern sich höchstens darüber, dass es ihnen heute weniger Freude macht.
Um echte Intimität zu sich selber aufzubauen ist es nötig alles zu beseitigen, was einen Menschen davon abhält genau so zu sein, wie er jetzt sind. Es ist notwendig die alten Rollen abzulegen, sie nicht mehr zu spielen.
Für echte Intimität ist Schönrederei Gift! Es ist auch nicht hilfreich, ständig gegen sich selber und seine wahren Empfindungen anzukämpfen. An vielen Stellen wird versucht, natürliche Empfindungen in irgendeiner Form künstlich zu verändern. Das Ziel ist loszuwerden, was

unerwünscht ist. So glaubt der Mensch, danach wieder zur gewohnten Tagesordnung übergehen zu können.

Erschreckend wenige unserer alltäglichen Begegnungen haben die Qualität von echter Nähe. Je mehr die Zeit aber voran schreitet, desto mehr sehnen sich die Menschen danach.
Grundvoraussetzung dafür ist, wahrhafte Intimität zu sich selbst einzugehen und sie zu pflegen. Wer seine eigene Tiefe nicht ertragen kann, wer sich selbst zu etwas zwingt und manipuliert, kann sich niemandem wirklich öffnen. So ein Mensch wird immer Probleme damit haben, sich so zu zeigen wie er ist.
Die meisten Menschen verbergen sich hinter Masken. Ihnen wurde früh beigebracht, sie wären nicht gut genug. Nicht selten wurden sie mit negativen Konsequenzen konfrontiert, als sie sich so zeigen, wie sie waren.
Daher verursachen wirkliche Nähe und Intimität zunächst enorme Angst. Hierbei geht es um Selbstschutz, welcher einst für notwendig erachtet wurde. Viele Menschen sind so geübt darin die Wahrheit über sich selbst zu verbergen, dass sie selbst gar nicht wissen, wer sie eigentlich sind.

Der Pfad der Einweihung, führt einen Menschen immer zu sich selbst. Es ist eine Kunst, sich den eigenen Tiefen zu öffnen. Sich nicht zu verurteilen, muss geübt werden.
Diese Ehrlichkeit und Wahrhaftigkeit ist noch selten anzutreffen. Wer sich vor sich selbst fürchtet oder schämt, kann sich weder fallen lassen, noch sich Genuss und Sinnlichkeit erlauben.
Wer jedoch vor sich selbst nichts mehr zu verbergen sucht, eröffnet diese Möglichkeit auch seinem Gegenüber. Wer sich selbst verbergen muss, verlangt indirekt auch von anderen sich zu verstellen. Wer die eigenen Tiefen

nicht ertragen kann, kann nicht damit umgehen, wenn der Partner die seinen offenbaren will.

Die Seele zu öffnen, sich jemanden wirklich zu zeigen, ist Geschenk und Privileg. Niemand kann dazu gezwungen werden. Niemand kann darauf Anspruch erheben. Jeder trifft für sich die Entscheidung, wann und ob diese Tiefe offenbart wird. Doch muss dieser Zeitpunkt immer in Verbindung mit dem natürlichen Fluss des Lebens gewählt werden!

Dieses Geschenk zu erhalten bedeutet auch für das Gegenüber, Verantwortung übernehmen zu müssen. Auch der Partner muss bereits sein, entsprechende Einweihungen zu durchlaufen.

Es ist etwas zutiefst Heiliges in die Seelentiefe eines anderen Menschen blicken zu dürfen. Dafür müssen bestimmte Einweihungsschritte auf beiden Seiten vollzogen werden.

Man tut gut daran, die eigene Seelentiefe nicht einfach so nebenher auf dem Präsentierteller anzubieten. Nicht jeder ist dazu bereit und befähigt mit ihr auch umzugehen!

Sexualität

Die weibliche Sexualität ist von vielen alten Wunden, von Verboten, vielen Grenzüberschreitungen bis hin zu teilweise massiven Gewalttaten stark beeinträchtigt und manipuliert.

Verdunkelungen dieser Art gehen teilweise Jahrhunderte weit zurück. Doch finden auch heute immer wieder gewaltsame Übergriffe auf Frauen statt.

Das drängte so viele Frauen in eine Opferrolle, welche erlöst werden will. Uralte Verbote von Lust und die Verteufelung der weiblichen Sexualität, führten zusätzlich zu einer instinktiven, nicht willentlich lenkbaren Verweigerung sich hinzugeben. Noch immer ist Sexualität an vielen Stellen geprägt von Dominanzverhalten, Besitzanspruch und Machtausübung, anstatt von echtem Respekt und Wärme. So ist heutzutage Sexualität oft merkwürdig verdreht.

An gewissen Stellen wird sie totgeschwiegen, verboten oder abgelehnt. Gleichzeitig wird sie in einer ganz bestimmten, begrenzten Ausdrucksform als bedeutsam dargestellt. Vergleichen lässt sich dies mit einem Kessel, in welchem Wasser kocht. Der Deckel wurde allerdings festgeschraubt. Stattdessen wurde seitlich eine kleine Öffnung gebohrt. Der im Kessel zwangsläufig entstehende Überdruck hat nun einzig die Möglichkeit, sich durch diese viel zu kleine Öffnung wenigstens ein Stück weit zu entladen.

Da diese immens große Kraft ihrer natürlichen Ausdrucksmöglichkeit beraubt wurde, entstand unglaublich viel Leid. Das Überschwappen in völlig verdrehte Richtungen ist die traurige Konsequenz.

Sexualität hat nur mehr selten mit echter Tiefe und Nähe zu tun. Doch kann sich die ursprüngliche Kraft der Sexualität ausschließlich in ihrem unverfälschten, natürlichen Ausdruck zum Wohle aller voll entfalten.

Die Entfremdung vom eigenen Körper, das sich Schämen für seine wahren Empfindungen, tun ihr Übriges, dass Frauen heutzutage vielfach an Gefühllosigkeit, Kälte und Taubheit ihres Unterleibes leiden. Frauen sind vielfach ausschließlich damit befasst, auf die Erwartungshaltung ihrer Partner hin zu reagieren. Sie haben verlernt darauf zu hören was ihnen selbst gut tut. Sie haben kaum je gelernt, dies auch zum Ausdruck zu bringen und die Begegnung mit ihrem Geliebten aktiv mitzugestalten. Eine Frau, welche darauf ausgerichtet ist immer nur reagiert, befindet sich zwangsläufig in einer Opferrolle. Sie wird sich immer insgeheim ausgeliefert fühlen.

Die Lebendigkeit will zurückkehren. Die weibliche Kraft liebt den natürlichen Fluss der Dinge. Die Heiligkeit einer solch tiefen Verbindung möchte in seiner ganzen Kraft gelebt werden - frei von Scham und Schuldgefühlen, frei von Verboten, Dominanzverhalten, Übergriffen oder Manipulation.

Sexualität braucht Raum und Zeit für respektvolle und achtsame Begegnung. Sie erfordert ein sich Einlassen und Hingeben von beiden Seiten. Wirkliche Begegnung braucht den Wunsch in etwas Neuartiges einzutauchen. Sie hat rein gar nichts damit zu tun, sich etwas zu eigen machen zu wollen oder jemanden besitzen zu wollen. Sie braucht Freiheit und den Wunsch zu erfahren mit wem man es wirklich zu tun hat. Dies betrifft zum einen Teil das menschliche Gegenüber, doch geht es auch viel tiefer. Körperliche Verschmelzung bedeutet, in etwas weitaus Größeres einzutauchen. Die Seelen tauschen sich in einer Art und Weise aus, die das menschliche Fassungsvermögen bei weitem übersteigt.

Damit dies ermöglicht wird, muss zunächst Raum geschaffen werden. Verdrehte, ungeheilte Muster müssen Heilung erfahren dürfen. Auch dieser Gartenbereich muss sorgfältig von Unkraut befreit werden. Alles, was auf diesem Weg an die Oberfläche gespült wird, ist von Bedeutung.

Stück um Stück kann so Raum geschaffen werden, in welchem Vertrauen wachsen kann. Hier geht es nicht mehr darum, den Partner beeindrucken zu müssen oder sich zu beweisen. Hier darf der künstliche Erwartungsdruck – welcher ganz massiv von gängigen gesellschaftlichen Scheinnormen genährt wird – unwichtig werden.

Echte Nähe und körperliche Liebe sind heilig. Sie sind keinesfalls beliebig und austauschbar. Weichheit und Verletzlichkeit müssen Raum bekommen, damit eine Frau sich überhaupt öffnen kann. Echte Begegnung zweier Menschen, eröffnet die Chance auf viel tieferes Vertrauen. Es eröffnet die Chance in die Mysterien heiliger Sexualität einzutauchen.

Wenn eine Frau sich fallen lassen kann, offenbart sie ihrem Geliebten etwas von sich selbst, das er nur so jemals erfahren kann – in wahrer, echter Verschmelzung, in tiefer Begegnung mit der wahren Weiblichkeit.

Das Aufgeben von Kontrolle auf beiden Seiten, setzt tiefes Vertrauen voraus. Es wächst und gedeiht mit jedem Schritt auf diesem Einweihungspfad.

Was Frauen wollen

Die wahre, sich selbst bewusst gewordenen Frau wünscht sich einen Mann, welcher sie in ihrer Tiefe kennen lernen und erfahren will. Sie möchte einen Mann, welcher bereit ist, sich auf dieses Abenteuer einzulassen. Er muss sich dessen bewusst sein, dass dies kein einfacher Spaziergang wird.
Diese Möglichkeit wird eine Frau keineswegs jedem beliebigen Mann eröffnen. Die sich ihrer weiblichen Kraft bewusste Frau, sieht sich Männer sehr viel genauer an.
Wenn sie auf einen Mann trifft, der echtes Interesse an ihrem wahren Wesen zeigt, hat dieser Mann wirklich Bedeutung für sie. Sie achtet und ehrt jenen Mann, der sich auf diese Reise begibt. Sie weiß um seinen unschätzbaren Wert. Notwendigerweise muss er sich auf dem Weg zu ihr, mit seinen eigenen Ängsten sowie seinem bislang unbefreiten Mann-Sein auseinander setzen.

Eine kraftvolle Frau braucht keinen „perfekten" Mann im herkömmlichen Sinne. Sie braucht auch keinen Mann, der ihr zeigt "wo es lang geht im Leben". Eine Frau, die sich ihrer Weiblichkeit bewusst ist, weiß selbst was sie will und braucht. Sie weiß auch was sie gar nicht gebrauchen kann. Bevormundung ist gewiss nichts, was sie sich lange gefallen ließe. Ist ein Mann bestrebt ihr einen goldenen Käfig zu bauen, so wird sie diesen eines Tages verlassen.
Die kraftvolle Frau braucht keinen Partner. Doch wünscht sie sich jemanden der bereit ist, in ihrer Seele zu lesen. Er darf sich nicht davon abschrecken lassen, wenn er unschöne Dinge über das Leben erfährt. Er wird unweigerlich über vergehenden Konstrukte, über Tod und Wiedergeburt des Lebens lernen. Diesen Dingen kann er weder ausweichen, noch über sie bestimmen. Auch die Frau

kann nichts Anderes tun, als sich mit ihrer Urnatur auszusöhnen.

Ein solcher Mann muss begreifen, dass ihre Seele ist wie
sie ist. Er wird ebenso erfahren, dass seine eigene Seele
gar nicht so viel anders ist. Hier liegt auch seine eigene,
tiefe Heilung, welche ihm so gewährt wird.

Zusätzlich wird er mit einer so tiefen Liebe und Nähe
belohnt, welche tatsächlich immer mehr wird, da sie ge-
teilt wird. Im Gegensatz hierzu wird eine Liebe auf Basis
von Abhängigkeit immer weniger, je länger sie andauert.

Tiefe Erfüllung, wirklich in sich und beim geliebten Menschen ankommen ist, was die Seele so sehr ersehnt. In der
Begegnung einer befreiten Frau mit einem befreiten
Mann, wird dies möglich. Diese beiden hält nichts weiter
zusammen, als die Liebe ihrer Seelen, die sich in der Tiefe
berühren und lieben. Sie werden sich immer wieder neu
und anders begegnen, weil das Leben wie die Liebe selbst
von Veränderung bestimmt sind.

Der Puls der Seele

Höret Schwestern, höret Brüder,
den Klang der Erde,
sie ruft nach euch!
Erinnert euch, an euch selbst,
an eurer Seele Tiefe!

Höret Schwestern, höret Brüder,
erinnert euch, an das was ihr vergessen:
den Duft des Windes,
den Glanz des Mondes,
die Frische des Wassers
den Puls der Erde.

Erinnert euch an eure Seele,
sie ruft nach euch!
Vernehmt ihren Klang, tief in euch verborgen!
Fühlt eure Erde,
die Tiere, Pflanzen, alles was sie gebar,
wie auch euch!

Höret Schwestern, höret Brüder,
des Aufbruchs Stimme euch erreicht!
Kehret heim, zu euch zurück!
Findet eure Quelle wieder!

So werdet ihr wieder lernen,
dem Klang der Erde zu lauschen,
die Sprache des Lebens zu verstehen.
Ich rufe euch, Schwestern und Brüder!

Jede Seele hat ihren individuellen, ganz bestimmten Rhythmus – ihren eigenen Pulsschlag.
Ganz tief in sich, in der Stille und Zurückgezogenheit, kann die Frau mit ihrer Seele kommunizieren. Sie nimmt ihren einzigartigen Rhythmus wahr. In diesem Moment ist sie komplett, vollkommen und in sich ganz. In diesem Moment ist sie verbunden mit allem was ist. Tiefer innerer Frieden und Erholung finden statt.

Es ist kein Verdrängen der äußeren Welt. Es bedeutet viel mehr, sich dem Wesentlichen zuzuwenden. Dieses Wesentliche hat die westliche Kultur immer mehr vergessen.
Hier wird die Wichtigkeit der Dinge in eine neue Relation gebracht. Was zuvor groß, unbewältigbar und wichtig erschien, wird in seiner Unwichtigkeit erkannt und auf diese Weise entlassen.
Wer den Puls seiner Seele erfühlen kann, findet die Antworten, welche in der äußeren Welt stark verschwommen und deformiert erscheinen. In der Tiefe wohnt die Klarheit die es braucht, dem eigenen Leben wirklich und wahrhaft begegnen zu können.

Die Seele hat individuelle Bedürfnisse. Jeder Mensch hat sein eigenes Tempo, seine eigenen Rhythmen für Aktivität, Zurückgezogenheit, für Kreativität, für Stille, für Spaß und Spiel, für Trauer, für Genuss, für Geben, für Nehmen und für Arbeit.
Kennt eine Frau ihren eigenen Rhythmus nicht, so passt sie sich unweigerlich fremden Rhythmen an. Dies ist der sichere Weg zu schleichendem Kraftverlust, bis hin zu völliger Erschöpftheit.
Frauen sind insbesondere ihren Kindern, aber auch ihrem gesamten Umfeld Vorbild. Bewusste Frauen lehren ihre Kinder, dem eigenen Rhythmus zu lauschen, wie auch diesen zu respektieren. Sie wissen, dass ihre Kinder, Partner, Freunde und jeder mit dem sie es zu tun haben, sei-

nen eigenen Rhythmus besitzt. Das zu missachten wäre für niemanden von wirklichem Vorteil. Es ist unklug den eigenen Rhythmus dem des Partners anzupassen, womöglich aus Angst nicht zu genügen. Es macht keinen Sinn, sich dem immer schneller werdenden gesellschaftlichen Tempo anzupassen. Es ist auch unsinnig, ständig für alle ansprechbar zu sein. Der Mut auf zeitweilige Zurückgezogenheit zu bestehen, muss entwickelt werden.
Kinder lernen durch ihre Vorbilder wie wichtig es ist, der eigenen Seele zuzuhören. Gerade sie, die von der Führung der Erwachsenen so sehr abhängen profitieren enorm, wenn sie gezeigt bekommen und erleben, was innere Einkehr und das Achten des eigenen Seelen-Rhythmus für unsagbare Schätze hervorbringt.

Nur wer dem Puls der eigenen Seele zu lauschen vermag, ist in der Lage mit der Welt in bewussten Austausch zu kommen. Die nötige Sensibilität wie auch der Respekt für jedes einzelne Lebewesen wohnen in der Fähigkeit wirklich hinzuhören. Auf diese Weise können auch jene Menschen erkannt werden, deren Herz und Seele im gleichen Rhythmus schlagen.

Aus Stille und Zurückgezogenheit erwächst Wissen, welches einfach nur freigelegt werden will. Hier allein sprudelt die niemals versiegende Quelle der Kreativität. Kreativität ist, was diese Welt braucht.
Es ist nötig den Puls wahrzunehmen, zu vertrauen, ihn ernst zu nehmen und nicht zu übergehen.

Der Fluss des Lebens

Das Leben lässt sich mit einer Floßfahrt auf unbekanntem Gewässer vergleichen. Es gibt ruhigere Stellen. Hier kann das Floß beinahe zum Stillstand kommen. Es gibt auch wilde Passagen mit reißenden Strömungen, in welchen das Floß womöglich zu zerbersten droht. Manchmal ist der Mensch sogar kurz davon, abgeworfen zu werden.
Der Fluss des Lebens ist geprägt von Abwechslung. So gibt es angenehme Passagen, wie auch äußerst aufreibende, anstrengende Stellen. Der Verlauf des Flusses selbst, ist vom Menschen nicht beeinflussbar. Auf welche Weise die Reise des Lebens bestritten wird, kann ein Mensch jedoch mitbestimmen.
Im Wesentlichen kann diesen Gegebenheiten auf zwei Arten begegnet werden:
Momentan entscheidet sich die Mehrzahl der Menschen dafür, sich möglich weit hinten hinzusetzen. Am liebsten werden dabei die Augen zugehalten, um nur nichts allzu Unangenehmes ansehen zu müssen. Sie entwickeln alle möglichen Methoden, um sich nicht mit den Dingen konfrontieren zu müssen, welche tatsächliche Herausforderungen bedeuten und entsprechende Konsequenzen einfordern. Bei diesem Symbol wird klar, wie sinnlos es ist, sich möglichst „brav" und angepasst zu verhalten. Ein solches Verhalten wird den Verlauf des Lebensflusses selbst nicht verändern. Es wird immer geschehen, was geschehen muss. Doch wird so die Fähigkeit Herausforderungen zu begegnen maßgeblich beeinflusst.
Seltener sind Menschen, welche eine andere Art wählen, um diesen Gegebenheiten zu begegnen. Sie stellen sich ganz vorne auf ihr Floß. Sie sind vergleichbar mit einem Surfer, der die Balance auf seinem Brett hält. Ein solcher Mensch sieht hin, was ihm das Leben jetzt präsentiert. Dabei begegnet er jeder Welle. Mit wachen Sinnen nimmt

er was kommt. Er übt sich darin entweder zu reagieren oder zu agieren, um seine Balance zu halten. Gelingt ihm dies zudem mit einer gewissen Gelassenheit, so wird er den wilden Ritt des Lebens auch zu genießen wissen. Er behält sein Ruder in der Hand. Er erfährt, dass er manchmal wählen kann und in der Lage ist, so manchen Strudel zu umschiffen. Er fühlt sich nicht als ausgeliefertes Opfer. Er erkennt an welchen Stellen er lenkend eingreifen kann und wann es keinen Sinn ergibt. In jedem Fall bereichert ihn das Meistern seines Weges durch das wildeste Gewässer, weil er sich mutig stellt. Ein solcher Mensch begegnet dem Leben und seinen Herausforderungen mit Neugier. Er begreift jeden Tag als etwas Besonderes und Neuartiges. Auch Surfer haben manchmal Angst. Auch sie finden nicht alles großartig. Doch sie lernen den Turbulenzen zu begegnen.

Der Mensch kann nicht über das bestimmen, was ihm auf seinem Fluss des Lebens begegnen wird. Er hat keinen Einfluss auf die göttliche Ordnung und den natürlichen Verlauf der Dinge. Doch kann er entscheiden, zu welcher Gruppe Mensch er gehören will.
Jede Frau und jeder Mann entscheidet selbst, in welcher Weise der Fahrt auf dem Fluss des Lebens begegnet wird!

Neue Pfade beschreiten

Alle bisher absolvierten Pfade haben eine Frau dazu geführt, ihr Inneres besser zu begreifen. Eines Tages kommt sie unweigerlich an den Punkt, an welchem sie den Beschluss fasst: „So wie bisher kann ich nicht mehr weiter machen!"

Eine Frau steht sich selbst im Weg, so lange sie nicht weiß, was sie eigentlich genau will. Bildlich gesprochen möchten beide Beine in unterschiedliche Richtungen rennen. Auf diese Weise kommt sie überhaupt nicht vom Fleck. Aus allen Richtungen vernimmt sie Rufe. Manche von ihnen sind Aufforderungen, andere Verlockungen. Welchen sollte sie sich nun zuwenden?

Es ist es gut, dass sie noch nicht vom Fleck kommt. Zunächst muss sie Klarheit gewinnen, um in der Folge ihre Entscheidungen zu treffen. Entscheidungen haben immer auch Konsequenzen. Wird ein Weg eingeschlagen, kann nicht gleichzeitig ein anderer Weg beschritten werden. Wer auf sein Steak nicht verzichten will, kann beispielsweise kein Vegetarier sein.

Mit Seelenwünschen verhält es sich nicht anders. Es ist unmöglich eine Situation oder ein bestimmtes Verhalten beibehalten zu wollen, wenn gleichzeitig etwas Gegensätzliches gelebt werden will. Es ist unmöglich, sich immer wieder den Wünschen anderer anzupassen, während die Seele in die Freiheit strebt und sich ein ungewöhnliches Leben wünscht.

Es ist wichtig, sich über die Konsequenzen klar zu werden. Das eigene widersprüchliche Verhalten, wodurch sich eine Frau selbst blockiert und gefangen hält, muss entlarvt werden. Solche Verhaltensmuster wurden meist über einen langen Zeitraum hinweg antrainiert. Sie sitzen tief und sind auch häufig verborgen.

Wer wirklich vorwärts kommen will, muss geduldig mit sich selber sein. Große Veränderungen brauchen ihre Zeit um sich zu entfalten. So muss ein Schritt nach dem anderen getan werden. Nur so zeigen sich die tatsächlichen Herausforderungen, welchen nur im jeweils passenden Moment begegnet werden kann.

Viele Menschen blockieren sich, weil sie nur auf das gewünschte Endergebnis ausgerichtet sind. Sie möchten alles auf einmal gelöst bekommen. Alles soll möglichst schnell vonstattengehen.

Auf diese Weise aber geht bald nichts mehr. Erneut wird nicht dorthin geblickt, wo das Leben in diesem einzigartigen Augenblick all das präsentiert, was jetzt gebraucht wird. Erneut wird verabsäumt, dem Puls der Seele zu lauschen. Daher ist wichtig, zur Ruhe zu kommen.

Wenn Ungeduld und Hektik die treibenden Kräfte sind, verliert ein Mensch den Zugang zu sich selber. Er spürt sich nicht mehr. So wird er – geblendet von der Idee über eine erträumte Zukunft - blind dafür zu erkennen, welcher Schritt in diesem Moment getan werden muss.

Nur in der Seelentiefe und im Herzen weiß eine Frau was sie braucht. Nur in tiefer Verbundenheit relativieren sich überzogenen Wünsche. Dort wird klar was nur Angstvermeidung oder Hirngespinst ist. Jetzt trennt sich die Spreu vom Weizen. Die Frau erkennt, was von wahrem Gehalt und wirklich wichtig ist und was womöglich eine falsche Fährte war. Hier findet sie Klarheit, um den nächsten notwendigen Schritt zu erkennen.

Es wird immer wieder Mut erfordert, jene Schritte zu wagen. Manchmal braucht sie mehrere Anläufe, bis eine Frau den nötigen Mut aufbringen kann.

Diese Herausforderungen dienen immer dem Wachstum. Jetzt werden Fähigkeiten entwickelt, die später notwendig sind und unbedingt gebraucht werden.

Auf dieser Reise gelangt eine Frau mitunter auch an Orte, an welchen sie sich verlassen und unglaublich weit von jenen Dingen entfernt fühlt, die für sie bedeutsam sind. Jetzt aber darf sie nicht den Fehler begehen und versuchen auszuweichen. Sie darf jetzt nicht auf Verlockungen oder auf ihre eigene Angst hereinfallen. Das was ihr das Leben jetzt zeigt, ist genau das was sie braucht! Immer wieder muss sie darum den Puls ihrer Seele erspüren. Hier findet sie die nötige Kraft, weiter zu gehen.

Eine Frau, welche das wahrhaft begriffen hat, kann sich getrost dem Moment hingeben. Sie kann locker lassen, wird leicht und frei. Mehr als sich den ganz konkreten momentanen Herausforderungen zu stellen, braucht es nie.
Das Leben ändert sich eher selten von einem Moment auf den anderen, meistens sind es die langsamen aber steten Veränderungen, welche uns begleiten.

Auf den Puls der Seele als Führung zu vertrauen, befähigt eine Frau dazu, die Sprache des Lebens verstehen zu lernen.

Mystik des Lebens

Das Leben spricht zu jedem Menschen in seiner ganz eigenen, besonderen Sprache. Indigene Völker, welche ihre Kultur pflegen, beherrschen die Sprache des Lebens. Sie wachsen mit ihr auf. Ihr zu lauschen und entsprechend zu antworten, ist selbstverständlicher Bestandteil ihres täglichen Lebens. Ihre Antwort drückt sich in jeder ihrer Handlungen aus.

Menschen, aus westlich orientierten Kulturkreisen müssen diese Sprache erst wieder erlernen. Bewusstes Hinhören und die dafür erforderliche Feinfühligkeit liegen jenseits geförderter und geforderter Fertigkeiten dieses Kulturkreises. Doch trägt jeder Mensch diese Fähigkeit in sich.

Die Sprache des Lebens ist nicht schwer zu verstehen. Mitunter ist sie sogar erschreckend einfach, da sie so wunderbar unkompliziert ist. Doch genau diese Einfachheit und Klarheit macht sie für Menschen, welche daran gewöhnt sind sich mit unglaublich kompliziert anmutenden Sachverhalten zu befassen, schwer verständlich. Eine auf Komplexität ausgerichtete Wahrnehmung, entfernt den Menschen von den naheliegenden Dingen.

Einmal mehr muss hier ein Pfad zurückgelegt werden. Die Kompliziertheit muss hinter sich gelassen werden, um zur Einfachheit zu gelangen. Dieser Weg erfordert neuerlich, Bedeutsames von Unwichtigem zu trennen.

Um mit dem Leben zu kommunizieren ist es ausreichend, eine der Seele wichtige Frage in den Raum zu stellen. Jetzt muss der Mensch sich lediglich für die Antwort öffnen. Das Leben antwortet immer, doch es antwortet auf subtile Art und Weise. Dies stellt die erste große Hürde dar. Das Beschäftigen mit unwichtigen Dingen verklärt die Sinne.

Daher werden die Antworten so oft ganz einfach übersehen, obgleich sie offensichtlich sind. So bleiben die Antworten so oft vor der eigenen Wahrnehmung verborgen.
Jeder Mensch, gleichgültig ob es dies nun wahrnehmen
kann oder nicht, befindet sich in ständigem Austausch
mit dem Leben selbst. Jeder Mensch trägt Fragen in seinem Herzen und bekommt auch immer seine Antworten.
Ein zusätzliches Hindernis stellt die Tatsache dar, dass
den Menschen viele Antworten die das Leben gibt, nicht
gefallen. Ihre Verweigerung treibt sie dazu, ständig weiter zu suchen ohne je anzukommen. Sie weigern sich an
vielen Stellen, die einfachen Dinge zu akzeptieren. Somit
wird ihr Leben viel komplizierter, als es sein müsste.

Nur wenige Menschen begreifen dieses Mysterium. Der
Pfad der Einweihung verlangt, die alten Interpretations-
schemen zu verlassen. Er erfordert, sich neuen, andersar-
tigen Betrachtungsmöglichkeiten zu öffnen. Nur auf diese
Weise betritt der Mensch die Ebene der Mystik.
Das Leben spricht in Symbolen. Sie zu entschlüsseln ist,
wonach sich der Mensch in seiner Tiefe sehnt. Sobald die
materiellen Ausprägungen unserer Welt ihre Anziehungskraft verlieren, beginnt der Mensch mit anderen
Augen zu sehen. Hier kann er erkennen was wirklich ist
und was sich sogleich in Rauch auflöst.
Er beginnt sich selbst und das Leben welches ihn umgibt,
mit völlig anderen Augen wahrzunehmen.

Das Geschenk der Liebe
...für Dualseelen und alle Wahrhaft Liebenden
Eva-Maria Eleni

Liebesbeziehungen befinden sich im Wandel.

Dieses Buch beleuchtet Hintergründe sowie neue Entwicklungen, die für alle Liebesbeziehungen von immer größerer Bedeutung werden, möchten wir eine freie, tatsächlich kraftvolle Liebe leben, schenken, empfangen und teilen. Es beschreibt einerseits viele Missverständnisse, falsche Vorstellungen, konditionierte Verhaltensmuster sowie Erwartungshaltungen, andererseits findet der Leser Übungen, um den Zugang zur Liebe in ihrer wahren, reinen Form wieder zu finden. Die Seele will ein freies Liebe leben dürfen.
Insbesondere hochspirituelle Seelenverbindungen, wie die der Dualseelen, prallten in der Vergangenheit häufig gegen eine harte, konträre Art des Lebens, wie wir es bislang führten.

Dies ist ein Buch, das nicht nur für Dualseelenpaare ein wichtiger Begleiter sein kann, sondern auch für all jene, die sich von den bisherigen Schemen lösen möchten und sich hierfür Unterstützung wünschen.

ISBN: 978 3 7322 3243 7

Der kleine Lichtfunke
Roman
Eva-Maria Eleni

Viele Geschichten enden dann, wenn sich zwei Menschen nach langem hin und her endlich gefunden haben. Nun gibt es offenbar nichts mehr zu erzählen, denn das Ziel aller Träume ist nun erreicht. Oder doch nicht? Die Geschichte von Lucia und Ben beginnt dort, wo viele Geschichten enden.

Worum geht es nun im Leben der beiden, nachdem sie ein großes Lebensziel, das Finden der großen Liebe, erreicht haben? Lucia wird vor einige Herausforderungen gestellt, so versucht sie herauszufinden, was ihre Berufung in diesem Leben sein könnte. Auf ihrer Suche begegnet sie interessanten Menschen, wie dem geheimnisvollen Erik, der ihr einiges über Lichtfunken erzählt. Doch dann ist Ben eines Tages verschwunden...

ISBN: 978 3 8423 5137 0

Herzensbrücke
Roman
Eva-Maria Eleni

Luis war müde und seines bisherigen Lebens überdrüssig. Er stellte sich Fragen: War das wirklich schon alles? Wer bin ich wirklich? So packte er seinen Rucksack, um sich auf die Suche zu begeben.

Dies ist die Geschichte einer ungewöhnlichen Reise. Eine Reise, die Luis bis an seine Grenzen und darüber hinaus führen sollte. Bis er schließlich an einen Ort gelangte, wo ihm der Zauber des Lebens offenbart werden wollte.

Doch konnte er nicht verweilen. Magisch angezogen von den Erzählungen über eine alte Frau, zog es ihn fort, um sie zu suchen und zu entdecken, weshalb sie solch eine Anziehungskraft auf ihn ausübte....

Es ist eine Geschichte über den Mut, den es braucht, um seinen Träumen zu folgen.

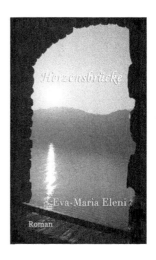

ISBN: 978 3 8482 0000 9